Schwäbische Heimatkunde
Band 4

Herausgeber
Hans Frei
Wolfgang Haberl

Gräfl. Schloß Babenhausen bey Augsburg.

Hermann Kirchhoff

Der Totentanz zu Babenhausen

Anton H. Konrad Verlag

Frontispiz
Babenhausen um 1730, während der Regierungszeit des Grafen Rupert Joseph Anton Fugger, in der der Neubau der Friedhofkapelle mit den Totentanzbildern entstand.
Kupferstich von Martin Engelbrecht, Augsburg

Anton H. Konrad Verlag 7912 Weißenhorn
ISBN 3 87437 213 8

Inhalt

Leonhard Baur und seiner Gattin Josepha in memoriam.
Ihrer Familie in herzlicher Verbundenheit.

Vorwort

Im Zusammenhang der großen Pestepidemien, die im 14./15. Jahrhundert ein Viertel der Gesamtbevölkerung dahinrafften, entstanden im Abendland die Totentänze, jene seltsamen Reigen, in denen der personifizierte Tod die geistlichen und weltlichen Würdenträger: Papst, Kaiser, Kardinal und König ebenso wegführte, wie Bürger, Bauer und Knecht. Weitere Totentänze entstanden im Barock (auch dort wohl mit Pestepidemien oder der Angst vor ihnen verbunden): dunkler Bodensatz überschäumender Welt- und Lebensfreude . . .

In späterer Zeit schämte man sich wohl der obskuren Reigen in den Kirchen und an den Außenwänden der Gotteshäuser, Friedhöfe . . . Man zerstörte oder übermalte sie oder umgab sie mit Schweigen.

Vielleicht haben die großen Kriege, vielleicht hat die weltweite Bedrohung unseres Daseins uns wieder die Augen für die Kunstwerke der Totentänze geöffnet, die so eindringlich an die Vergänglichkeit alles Irdischen mahnen. Daher war es wohl an der Zeit, den in der Fachwelt berühmten, sonst aber fast vergessenen Totentanz in Babenhausen durch eine Veröffentlichung wieder bekannt zu machen (wie wenige Jahre vorher den ihm verwandten Totentanz in Wondreb/Oberpfalz).

Dem Verleger Anton H. Konrad sei Dank gesagt, daß er das verlegerische Risiko wagte. Dank gebührt dem Bürgermeister und dem Rat des Marktes Babenhausen für ihre Unterstützung. Dank sei allen gesagt, die durch ihre Spenden die Drucklegung gefördert haben. Ein ganz besonderer Dank aber gilt Herrn Ludwig Zedelmaier, dem Heimatpfleger von Babenhausen. Seine Liebe (auch) zum Totentanz ließ ihn Jahre hindurch alle Urkunden, historischen Belege etc. sammeln, die der Veröffentlichung zugute kamen. Er hat das Entstehen des Werkes mit Rat und Tat gefördert und ist mir bei der gemeinsamen Arbeit zu einem lieben Freund geworden.

Hermann Kirchhoff

Die Geschichte Babenhausens und der Friedhofkapelle

Der Markt Babenhausen, malerisch aus dem Tal der Günz aufsteigend, von der Pfarrkirche und dem breit hingelagerten Schloß der Fugger gekrönt, hat — wie alle Gemeinwesen — seine wechselhafte, oft leidvolle Geschichte[1]. Die erste urkundliche Nennung stammt aus dem Jahr 1315, als Heinrich von Schönegg die Hälfte der *Stadt* Babenhausen und den »Kirchensatz« an Konrad von Rotenstein verkaufte. Wohl zwischen dem 7. und 10. Jahrhundert entstanden[2], blühte Babenhausen unter der Herrschaft der Pfalzgrafen von Tübingen rasch auf und dürfte unter den Herren von Schönegg, die Babenhausen von den Pfalzgrafen zu Lehen erhalten hatten, schon im 13. (oder gar im 12.) Jahrhundert die Stadtrechte erhalten haben[3]. Diese werden im Jahre 1337 durch Ludwig den Bayern zu Augsburg bestätigt[4], wobei die kaiserliche Urkunde sagt: »Auch geben wir der vorgenannten Statt ze Babenhausen alle die Recht, die unser und des Reichs Statt ze Ulm hat und daryber zu einem Urkundt geben wir disen Brieff mit unserm Khaiserlichen Insigl versigelt . . .«. Da in dieser Urkunde gesprochen wird von »Recht und Freyheit«, welche Babenhausen »von Alters bisher bracht und gehabt hat«, ist eine frühe Verleihung der Stadtrechte zu folgern.

Die Stadtrechte müssen im 15. Jahrhundert verlorengegangen sein, denn im Schreiben Kaiser Friedrichs III. vom 15. 7. 1471 wird zwar »des Reichslieben Getreuen, den Bürgern, Einwohnern und der Gemeinde des Marktes Babenhausen von neuem sein Wappen, dazu Stock und Galgen und der Blutbann, Amtleute und Richter in ihrem Namen zu richten, mit ihrer Herrschaft Wissen und Willen« zugestanden (was Gerichtsbarkeit über Leben und Tod bedeutete) — aber eben dem *Markt* Babenhausen, nicht mehr der Stadt.

Am 23. 1. 1539 kaufte der Kaiserliche Rat Anton Fugger[5] die Herrschaft Babenhausen und löste das Lehen bei Herzog Ulrich von Württemberg aus. Babenhausen erhielt als freies Reichslehen am 24. 1. 1546 kaiserliche Bestätigung. Unter den Fuggern erlangte die Herrschaft Babenhausen Wohlstand und kulturelle Blüte, bis der Dreißigjährige Krieg alle in tiefes Elend stürzte. Die Hungersnot 1634 und die Pest 1635 dezimierten die Bevölkerung[6]. Verständige Herrscher aus dem Geschlecht der Fugger halfen nach Kräften, in der zweiten Hälfte des 17. Jahrhunderts die Kriegsschäden (an Mensch und Dingen) zu beheben oder doch zu lindern — dennoch erholte sich der Markt nur mühsam.

In den Jahren nach der Französischen Revolution stand Babenhausen (mit den Fuggern) treu zu Kaiser und Reich, was von den Grafen mit der Verleihung des heute noch geführten Marktwappens honoriert wurde[7].

Am 1.8.1803 wurde Graf Anselm Maria Fugger von Kaiser Franz II. in den Fürstenstand erhoben. Schon wenige Jahre später, am 12. 7. 1806, gelangte das Fürstentum Babenhausen nach dem Zusammenbruch des Heiligen Römischen Reiches an Bayern.

Heute ist der Markt Babenhausen ein wohlhabendes, durch den Fleiß seiner Bürger aufstrebendes Gemeinwesen im Freistaat Bayern, ein kultureller Mittelpunkt und ein wegen der Schönheit der Stadt und der Umgebung begehrter Urlaubsort.

Die weithin sichtbare Pfarrkirche St. Andreas stammt wohl aus dem 15. Jahrhundert. Später erweitert, wird sie zwischen 1715 und 1720 durchgreifend barockisiert. In den nachfolgenden Jahrzehnten werden die alten Renaissance-Altäre durch solche des Barock ersetzt, die Kirche von Wessobrunner Stukkatoren ausgestaltet. Pfarrer ist damals Dekan Balthasar Thanner, der von 1712 bis 1756 residierte.

Unter Anton Fugger († 1560) wurde in den Jahren vor 1542 ein neuer Friedhof angelegt, der 1542 geweiht wurde. Die Neuanlage war offenbar durch die Erweiterung des Schlosses bedingt[8]. Sicher wurde damals auch eine Gottesacker-(Friedhof-)Kapelle gebaut[9], die 1663 anläßlich eines Bittgangs erwähnt wird. Unter dem Grafen Rupert Joseph Anton Fugger († 1724, der auch zwei Altäre der neuen Innenausstattung der Pfarrkirche finanzierte), wurde vor 1722 eine neue Kapelle gebaut, die 1722 mit ihren drei Altären von Weihbischof Johann Jakob von Mayr konsekriert wird[10]. Chor und Langhaus erfuhren 1845 und 1862 eine Restaurierung, dann wiederum 1911 (eine wichtige Restaurierung)[11] und zuletzt 1958 (innen) und 1961 (außen). Die Gestalt des Turmes stammt aus dem mittleren 19. Jahrhundert.

Der Freskenzyklus der Friedhofkapelle

Die Stukkaturen stammen (nach Habel) »zweifellos« von Michael Stiller (auch die Architektur?)[12]. Sie sind denen in der Pfarrkirche und der Kirche in Kirchhaslach motivisch »engstens verwandt«. Uns interessieren im Rahmen des Themas vor allem die Fresken des Chores, des Langhauses und der Emporenbrüstungen. Die beiden Hauptbilder im Scheitel des Chorraums stellen den Sündenfall (Per Peccatum Mors Röm. 5) und die Geburt Jesu (Natus Salvator Mundi) dar. Die Fresken stammen vermutlich von 1722. Der Maler ist unbekannt. Die die beiden Hauptbilder umgebenden kleinen Ovalbilder stammen sämtlich von 1911 und wurden von den Gebrüdern Haugg aus Ottobeuren gemalt.
Über das Kreuz von 1722, das am Chorbogenscheitel hängt, setzt sich die Reihe der Fresken im Scheitel des Langhauses fort und zwar (in Ost-Westrichtung):

1. Das Schiff der Kirche auf stürmischer See. Im Schiff (das unter vollem Segel fährt) sitzt Maria mit dem Kind auf dem Schoß. Ein Engel zieht einen Ertrinkenden ins Schiff;

2. Der Tod des Hl. Joseph, dem Maria und Jesus beistehen, während der Strahl des Hl. Geistes ihn erleuchtet;

3. Die Hl. Dreifaltigkeit mit dem Spruchband: »Dei Sedet a dextris 46/49«. Alle drei Bilder gehen auf die Gebrüder Haugg zurück (1911), wobei diese auf ältere Fresken zurückgriffen[13].

Die vier Fresken in den seitlichen Zwickeln des Langhauses stellen Engel dar, die den Armen Seelen im Fegfeuer rettende Hilfe

Blick zum Chorraum der Friedhofkapelle. Hinter dem Kreuz (um 1722) im Chorbogenscheitel die zwei Fresken der Geburt Jesu (»Natus Salvator Mundi«) und des Sündenfalls (»Per Peccatum Mors«, vergl. Seite 15). Die äußeren Ovalbilder wurden 1911 neu gemalt.

zuteil werden lassen: 1. Das eucharistische Brot ASCENDIT ANGELUS AD / LOCUM FLENTIUM Jud. 2, mit dem deutschen Verspaar: »Ach dises Wenig Brodt / Hilfft unß Aus aller noth« (Südseite östlich). 2. Werke der Askese: SCISSISQUE VESTIBUS / INDUTUS EST CILICIO. Gen. 37, mit dem deutschen Verspaar: »Auch Geissel-Streich Und härin kleid / Nimmt hin die Straff, So Ich bin Leid« (Südseite westlich). 3. Das Gebet: SALUBRIS EST COGITATIO / PRO DEFUNCTIS ORARE. 2 Mach. 12, mit Verspaar: »Vergeßßet der Verstorbnen Nit / Es bringt auch euch Vil guetes mit« (Nordseite östlich). 4. Das Almosen: VESTRA ABUNDANTIA ILLORUM / INOPIAM SUPPLEAT 1 Cor. 8, mit dem Verspaar: »Das Almosen löscht das Feuer / dem wir zahlen hoch Und theuer« (Nordseite westlich). Diese vier Bilder werden von H. Habel als »von etwa 1722« datiert. Sie dürften ursprünglich von jenem Maler stammen, der auch die Scheitelbilder im Chor und die Bilder des Totentanzes gemalt hat[14].

Den sieben Bildern des sog. Babenhausener Totentanzes auf den Emporenbrüstungen (um 1722) ist ein eigenes Kapitel gewidmet.

Alle Fresken kreisen um das Geheimnis von Tod und Erlösung. Das ist für die Gestaltung einer Friedhofkapelle nicht ungewöhnlich — der Babenhausener Zyklus ist jedoch offenbar von großer Geschlossenheit.

Nun haben 12 der 18 (größeren) Fresken ihre Vorlage in den Kupferstichen eines Werkes des weltberühmten Barockpredigers Abraham a Sancta Clara, das den seltsamen Titel trägt: »Besonders meublirt- und gezierte TODTEN-CAPELLE / oder ALLGEMEINER TODTEN-SPIEGEL / Darinnen Alle Menschen / wes Standes sie sind / sich beschauen / an denen mannigfältigen Sinn-reichen Gemählden das MEMENTO MORI zu studiren / und die Nichtigkeit und Eitelkeit dieses Lebens Democritice oder Heraclitice, Das ist: Mit lachendem Mund / oder thränenden Augen / wie es beliebt / können betrachten und verachten lernen.«[15] Die »Sinn-reichen Gemählde« sind die Kupferstiche aus der Werkstatt des Christoph Weigel in Nürnberg[16]. Um den Hintergrund des Babenhausener Zyklus' zu erkennen, müssen Autor und Buch kurz vorgestellt werden.

Abraham a S. Clara wurde als Ulrich Megerle 1644 in Kreenheinstetten bei Meßkirch geboren. Seine Mutter war die »Traubenwirtin« jenes Dorfes, eine lebensfrohe Frau, von der Abraham gewiß ein gut Teil seiner prallen Lebensfreude und seiner Spottlust mit in die Wiege gelegt bekam. Nach Studienjahren in Ingolstadt und Salzburg trat Megerle 1662 sein Probejahr als Mönchskandidat im Novizenkloster der reformierten Augustiner-Eremiten an, die kurz »Barfüßer« hießen und ihr Kloster in Maria-Brunn bei Wien hatten. Dort, wo der junge Mönch seine philosophischen und theologischen Studien vollendete, nahm er den Namen an, unter dem er weltberühmt werden sollte: »Abraham a Sancta Clara«. Seit 1677[17] ist Abraham Kaiserlicher Hofprediger in Wien, wo ihm mit der intimen Kenntnis des höfischen Lebens vielleicht Eitelkeit und Hohlheit des Irdischen deutlich wurden. Die furchtbare Pest, der 1679 in Wien viele Tausende zum Opfer fielen (auch einige seiner Ordensbrüder starben), ließ (wohl im Verein mit der Belagerung Wiens 1683 durch die Türken) Tod und Sterben zum beherrschenden Thema Abrahams werden. Seine Bücher: »Merck's Wien!« (1679), »Lösch Wien!« (1680), »Die große Todten-Bruderschafft« (1680) umkreisen das Thema ebenso wie das spätere Werk: »Sterben und Erben« (1702).
1680 wurde Pater Abraham Prior seines Konvents in Wien und damit gleichzeitig Geistlicher Berater der sog. »Totenbruderschaft«, die — 1638 gegründet und schon bald in hohem Ansehen — sich die Aufgabe gesetzt hatte, Sorge für die Toten, nicht zuletzt

Das Chorfresko vom Sündenfall
und seine Vorlage in der
»Todtenkapelle« Abrahams a S. Clara

PER PECCATUM MORS

die Hingerichteten, Armen und Verlassenen zu tragen und für ihre Seelenruhe zu beten.

Nachdem Abraham sein »Centifolium Stultorum«, seinen »Narrenspiegel« also, abgeschlossen hatte, warf ihn die Gicht aufs Krankenbett. Er raffte alle verbleibende Kraft zusammen, um seinen Plan: die geliebte Totenkapelle[18] ausmalen zu lassen, in die Tat umzusetzen. Und er schrieb in den Stunden, in denen ihn die Gicht atmen und schaffen ließ, die Texte zu den Bildern . . .

1710, ein Jahr nach Abrahams Tod, erschien die o.a. »Totenkapelle«, geziert mit 68 Kupferstichen. Neben einer Widmung enthält die Urausgabe ein Vorwort (wohl aus der Feder eines Ordensbruders). Darin heißt es, Abraham habe sich — als er sein Ende nahe fühlte, mehr und mehr »zur Stunde des Todes« vorbereitet. ». . . weil er nun bey der Todes-Arbeit nicht müssig gehen wollte, / sondern verlangte, : daß auch die Welt seine letzte Todes-Gedancken nuzbar anwenden möchte, / zierte er die Toden-Capell zu Loretto in Wien mit Sinn-Bildern über alle Stände / sehr nachdencklich aus, / welche auch daselbst durch den Pemsel der Ewigkeit einverleibet worden / doch damit sie nicht weniger ausser Wien dem Leser zu Theil werden, / sind sie demselben hiemit unter dem Namen der gemahlten Toden-Capelle als Pater Abrahams letzte Arbeit überlieffert«[19].

Ein sehr wichtiger Hinweis, denn die Bilder der Loreto-Kapelle in Wien sind längst verschollen[20]. Wir dürfen uns aber aufgrund des Vorworts darauf verlassen, daß die Weigelschen Kupferstiche getreue Wiedergaben[21] der Wiener Bilder sind.

Wenden wir uns nun wieder dem Freskenzyklus in Babenhausen zu. Er beginnt im Chorraum mit dem Bild vom »Ursprung des Todes«: Per Peccatum Mors (»Durch die Sünde (kam) der Tod«), das seine Vorlage im Kupferstich[22] zum ersten Kapitel der Totenkapelle hat.

Bis auf die Gestalt der Eva[23] ist das Babenhausener Bild eine Übertragung des Originals in ein farbiges Bild[24]. Es fehlt das deutsche Verspaar des Originals, ebenso fehlen der Hase, der im Original unter der Wurzel des Baumes zu sehen ist[25], und das Reis aus der Wurzel des Baumes[26]. Während im verwandten Totentanz von Wondreb im oberpfälzischen Stiftland[27] der Baum des Paradieses nur Totenköpfe trägt und Adam daher auch statt eines Apfels einen Totenkopf in der Hand trägt, sind in Babenhausen (wie im Original) Äpfel und Totenköpfe als Früchte des Baumes zu erkennen. Adam hält einen Apfel in der Hand.

Das zweite Deckenfresko stellt die Geburt Jesu und die Anbetung der Hirten dar: NATUS SALVATOR MUNDI (»Geboren ist der Erlöser der Welt«). Über Maria und Joseph, die das Kind halten (die Hirten und die Krippentiere stehen ihnen gegenüber), schwebt die Geisttaube; ihr Strahl erleuchtet das Gesicht des Kindes. Über der Taube ist die Gestalt Gottvaters sichtbar, dessen Rechte auf sein Herz weist und dessen Linke auf der großen Weltkugel die Schlange zerdrückt (?). Das Bild stammt ohne Zweifel vom Maler des ersten Freskos (und der sieben Bilder des Totentanzes). Es hat keine Vorlage im Werk Abrahams.

Gehen wir der Scheitellinie entlang weiter nach Westen, so treffen wir im Chorbogenscheitel auf das Kreuz, das ebenfalls aus der Zeit um 1722 stammt.

Der Zusammenhang der beiden Fresken und des Kreuzes ist deutlich: Durch die Sünde kam der Tod in die Welt. Gott antwortete darauf[28] durch die Menschwerdung des Sohnes, mit der unsere Erlösung begann, die dann in Kreuz (und Auferstehung) sich vollendete[29/30].

Eines der Arme-Seelen-Bilder aus den Zwickeln des Langhauses. Der Maler von Babenhausen weicht stark von der Vorlage in der »Todtenkapelle« ab.

ASCENDIT ANGELUS AD
LOCUM FLENTIUM. Iud. 2.
Ach Sißes Wenig Brodt
Hilfft unß Aus aller noth

Heute wird der im Chor begonnene Gedanke in den Fresken des Langhauses weitergeführt: Die rettende Erlösungstat Jesu Christi (in Inkarnation und Passion) wird dem (verlorenen) Menschen durch die Kirche zuteil, die in den Stürmen der Zeiten rettender Hort bleibt. So verliert der Tod seine Schrecken: wer eines frommen Todes mit Christus stirbt (wie der Nährvater Jesu), wird das Ziel des Lebens erreichen: er wird mit Christus zur Rechten des Vaters sitzen in der seligen Anschauung der Dreifaltigkeit[31/32].
Noch aber bleibt die Sünde. Alle Menschen werden schuldig. Und daher muß der Mensch geläutert werden, um der Anschauung Gottes würdig zu sein. Vor allem in seinem Buch: »Lösch Wien!« (1680) hat Pater Abraham die Lebenden aufgefordert, der Toten (vor allem der großen Pest 1679) zu gedenken und die Flammen des Fegfeuers durch Gebet, Almosen und andere gute Werke zu lindern oder zu löschen. Auch vier Kapitel der Totenkapelle sind der Qual der Armen Seelen gewidmet mit dem Anruf an die Lebenden, die Toten nicht zu vergessen[33].
Auf solche Hilfe: Eucharistie, Gebet, Almosen, asketische Werke weisen die Bilder in den seitlichen Zwickeln des Langhauses hin. Sie sind Aufruf an die Lebenden, vor allem an die Trauergemeinde bei Begräbnissen, an Allerseelentagen usw., den Toten zu helfen, daß ihre Qualen verkürzt werden.
Drei der vier »Fegfeuerbilder« haben ihre Vorlage in Kupferstichen der Totenkapelle Abrahams (dabei variiert der Maler in Babenhausen so stark, daß fast von einer Neukonzeption gesprochen werden muß).
Es sind die Fresken über die Gabe des eucharistischen Brotes (»Ascendit angelus . . .«), des Gebetes (»Salubris est . . .«) und des Almosens (»Vestra abundantia . . .«). Obwohl sich als viertes Bild (dann als erstes der Folge) der Kupferstich zum Kapitel 62 der

Totenkapelle: »In Fegfeuersnöten« mit der lateinischen Inschrift: »Miseremini mei, miseremini mei!« und dem deutschen Verspaar: »Erwäget doch auch unsre Pein, / So werdet ihr mitleidig sein« geradezu aufdrängte, bringt hier der Maler ein unbekanntes Motiv, dessen Vorlage mir (zumal aus den Werken Abrahams) nicht bekannt ist[34]. Nun hat der Hochaltar der Friedhofkapelle, der von 1695 stammt, unten eine sarkophagartige Verkleidung, die (nach H. Habel) jünger ist. Sie zeigt ein Schnitzbild der Armen Seelen in den Flammen des Fegfeuers[35]. Wollte der Maler — falls das Schnitzwerk schon vorhanden war — keine Doppelung? War ein solches Motiv für den Altar — wenn nicht vorhanden — vorgesehen? Oder sollte bei der Darstellung der Werke für die Armen Seelen die Askese durch Geißelhieb und Bußgewand nicht fehlen? Wir müssen die Frage unbeantwortet lassen.

Der Betrachter der Fresken in der Kapelle steht schließlich vor den sieben Bildern des »Totentanzes« auf der Emporenbrüstung: Alle müssen in den Tanz des Todes eintreten. Das »Memento mori!«, das »Gedenke des Todes!« wird unüberhörbar. Mit diesem Anruf wird der Betrachter aus der Friedhofkapelle entlassen[36].

Herkunft, Eigenart, Motive des Babenhausener Totentanzes

B. Eberl, J. Vogel und H. Habel verstehen unter dem Babenhausener Totentanz die sieben Bilder an den Emporenbrüstungen (von denen sich drei auf der oberen, vier auf der unteren Brüstung befinden)[37]. Das ist nicht ohne Problematik.

Zunächst ist zu fragen, ob wir in Babenhausen von einem »Totentanz« sprechen dürfen. Solche Benennung verweist uns auf den mittelalterlichen Totentanz, der dunkel auch den Hintergrund des Babenhausener Werkes bildet.

Was immer auch der Urgrund der Totentanzidee gewesen sein mag — drei Wesenszüge dürften heute allgemein anerkannt sein:[38]

1. Der Reigen des Todes und der Toten ist Ausweis einer großen Gerechtigkeit. Der Tod ist gerecht[39] — er zwingt alle in seinen Tanz: vom Papst und Kaiser bis zum Bettler. Das mag für manche ein Trost gewesen sein — überbewerten sollten wir solchen Hinweis auf die »Gerechtigkeit« des Todes nicht. Denn schon 1400 — in der hohen Zeit der Totentänze — veröffentlicht Johannes von Tepl (von Saaz) seinen »Ackermann aus Böhmen«[40], in dem er den Tod bei Gott anklagt: »Wahrlich, Herr, in deiner Schöpfung ist nichts Greulicheres, nichts Scheußlicheres, nichts Ungerechteres als der Tod . . . Er nimmt eher hinweg das Tüchtige als das Untaugliche; mit Schaden behaftete, alte, sieche, unnütze Leut läßt er oft hier, und die Fähigen rafft er alle dahin. Richte, Herr, über den falschen Richter!« (15. Kap.). Er weist auf eine gerade geschlagene Schlacht hin, in der die Sense des Todes wahllos mähte, und ruft

Die sieben Fresken des »Babenhauser Totentanzes« an den Brüstungen der Kirchenempore. Über der Orgel das Fresko der Dreifaltigkeit, zu Seiten zwei der vier Arme-Seelen-Bilder

seine Hörer ironisch auf: »Reiten wir dem Tod entgegen, entbieten und sagen wir ihm Lob und Ehre, ihm, der also gerecht richtet. Nicht einmal Gottes Gericht ist so gerecht!« (17. Kap.).
Der Tod gibt (»letzten Endes«) keine Antwort — er weist nur den Ackermann (der früh seine geliebte Frau verloren hat) darauf hin, daß er in seiner menschlichen Begrenztheit kein Recht zu fragen und anzuklagen habe. Auch die Totentänze haben keine Antwort auf die Fragen des Ackermanns (und der Menschheit). Im Babenhausener Totentanz holt der Tod das Kind und den alten Menschen.

2. Die mittelalterlichen Totentänze entstanden im Zusammenhang der großen Pestepidemien. Sie dürften — oft auf die Mauern der Friedhöfe gemalt oder auf die Außenwände der Kirchen — den Versuch einer »Bannung des Todes« darstellen. Der (personifiziert gedachte) Tod sollte vor seinem (schrecklichen) Bild: dem Knochenmann oder mit Würmern und Schlangen umwundenen Gerippe, zurückschrecken und so Dorf oder Stadt nicht heimsuchen.

3. Der Bußprediger, den wir gewöhnlich am Beginn der klassischen Totentänze finden, weist darauf hin, daß die Totentänze als Bußruf (Bußpredigt) zu verstehen sind. Der Tanz des Todes mit den Toten wurde als Mahnung zu ständiger Wachsamkeit und Todesbereitschaft verstanden. »Wäre wohl zu wünschen«, schreibt Abraham a S. Clara im 19. Kapitel der Totenkapelle (»Tanz und Tod«), »daß auf allen Tanzböden des gelehrten Erasmus Philosophia sacra: ›Wie man sich zum Tod bereiten sollte‹ abgemalt würde, da er den Tod in allen geistlichen und weltlichen Ständen, hohen und niedern Personen recht nachdenklich abgebildet und jedermann zeiget, daß er nirgends vor dem Tod sicher sei. Päpst, Kaiser, Könige, Fürsten, Edelleut, Bürger und Bauren, Doctores und Narren, Riesen und Hasen müssen alle an den Totentanz.«

Wir wissen nicht, welche Rolle der Gedanke einer (zumindest scheinbaren) Gerechtigkeit des Todes bei der Erstellung des Babenhausener Totentanzes gespielt hat. Da die letzte, große Pest mehr als achtzig Jahre zurücklag und für die ersten Jahrzehnte des 18. Jahrhunderts Seuchen auszuschließen sind[41], dürfte der Gedanke einer »Bannung« des Todes kaum eine Rolle gespielt haben. Also ist der Babenhausener Tanz primär als *Bußruf* zu verstehen. Dafür spricht der Aufbau des Gesamtzyklus' der Friedhofkapelle, vor allem aber das Werk Abrahams, dem der Zyklus zutiefst verpflichtet ist und dessen letzte Werke ein einziges »Memento mori« sind[42].
Die Wirkung des weltberühmten (schwäbischen!) Predigers war so gewaltig, daß die damals entstehenden Totentanzzyklen (vor allem in Babenhausen und Wondreb) wohl unter dem Einfluß seiner Bußpredigt entstanden. Es muß offen bleiben, ob konkrete Anlässe in den einzelnen Orten/Landschaften . . . das Entstehen mit beeinflußt haben.
Aber noch einmal die Frage: dürfen wir bei den Babenhausener Bildern von einem Toten*tanz* sprechen? Auf den Bildfolgen des Mittelalters *tanzt* ja der Tod in vielfacher Gestalt mit den vom Tod Gezeichneten (deren Tanzbewegungen sehr viel gemessener sind). Von einem Tanz der Toten (oder des Todes) ist in Babenhausen nichts zu sehen. Sollten wir hier nicht richtiger von einem »Toten-Spiegel« sprechen (wie es Abraham im Titel der Totenkapelle tut) oder die Fresken einfach »Bilder vom Tod« nennen? Nun verbindet sich mit dem Begriff »Totentanz« heute eine Vorstellung, die J. Vogel als Definition des Totentanzes gegeben hat. Er versteht darunter »jede Serie von Todesbildern, die von Künstlern als zusammenhängende Bildfolge geschaffen worden sind«[43]. Das ist wissenschaftlich wenig exakt und droht die gravierenden Unter-

schiede solcher Totentanzdarstellungen zu verwischen — wir müssen aber wohl (im Wissen um die Problematik) bei der Bezeichnung bleiben, die sich überall eingebürgert hat[44]. Legen wir die sehr offene Definition Vogels zugrunde, bereitet die Abgrenzung des Totentanzzyklus' in Babenhausen erhebliche Schwierigkeiten. Müßte nicht den sieben Bildern[45] auf der Emporenbrüstung wenigstens das Bild vom »Ursprung des Todes« im Chorscheitel hinzugerechnet werden, das ja im Wondreber Totentanz eine wichtige Rolle spielt? Da der Maler diesem Fresko (das durch das fehlende deutsche Verspaar bewußt(?) von den »Totentanzbildern« abgehoben ist) jedoch einen theologischen Stellenwert im Gesamtzyklus der Friedhofkapelle gegeben hat, in dem der »Totentanz« ein Strukturelement bildet (vergl. S. 10ff), rechnen wir dem Babenhausener Totentanz, zumindest im engeren Sinn, nur die sieben Bilder auf den Brüstungen der Empore zu.
Alle sieben Bilder des Totentanzes haben ihre Vorlagen in den Kupferstichen der »Totenkapelle« Abrahams a S. Clara. Im Gegensatz zu den Originalkupfern und den Tafeln des Wondreber Totentanzes (Grau-in-Grau-Malerei), sind die Babenhausener Bilder in kräftigen Farben gehalten. Darüber hinaus sind die Fresken vom Original durch Variationen, durch die reiche Architekturmalerei und z.T. durch die üppigen Draperien unterschieden. Reminiszenzen an das Schloß der Fugger sind nicht auszuschließen. Alle Fresken verweisen (durch Begrenzung der Architektur oder durch Torbögen) ins Weite: der Landschaft[46] oder/und des Horizonts:[47] der Tod führt ins Weite — er ist »Tor zum Leben . . .«
Die drei Bilder an der oberen Empore folgen ungefähr dem alten Totentanzschema: der Papst (»Mortuus est Aaron«) muß ebenso in den Todesreigen wie der Kaiser (oder König)[48] (»Haeccine est illa?«) und der Kardinal[49] samt dem Bischof (»Non habemus hic manen-

tem civitatem«). Die vier Fresken der unteren Empore zeigen — eingerahmt von den Bildern des Todes von Kind und Greis(in) — den Mönch, der einen Totenschädel betrachtet, und den Maler, der ein Frauenbildnis malt, das ihm der Tod von der Staffelei nimmt. Der Mönch ist der Inbegriff des Menschen, der täglich stirbt (»Quotidie morior«), der ganz auf die Karte des jenseitigen, göttlichen Lebens gesetzt hat. Der Maler aber malt das Leben: ein pralles, schönes Frauenbildnis: zwei Weisen des Lebens — »Memento mori!«. Der Mensch muß sich entscheiden . . .[50]

Der Babenhausener Tod ist wie der Tod auf den Kupfern der Totenkapelle (und der übrigen zeitgenössischen Totentänze) der »Knochenmann«, das — meist unbekleidete — Skelett[51]. Solche Darstellung ist sehr alt. Schon zur Zeit des Hedonismus der antiken Philosophie wurden bei großen Gastmählern bewegliche Totengerippe herumgezeigt, die jedoch nicht etwa an die Vergänglichkeit allen Lebens erinnern sollten, sondern Aufruf waren, angesichts des unausweichlich auf den Menschen zukommenden Todes das Leben in vollen Zügen zu genießen. Dieselbe Aufgabe hatten wohl die Weinkrüge, auf denen Skelette einen bacchantischen Tanz tanzten[52].
In der christlichen Ikonographie war der Tod, oft durch den Namen mors bezeichnet, zunächst wie seine Umwelt gekleidet. Auf dem Kodex der Äbtissin Uta von Niedermünster (1002—1025) trägt er zeitgenössische Kleidung. Später gleicht er sich seinen Opfern an. Häufiger wird die Darstellung des Todes als eines mumifizierten Leichnams mit aufgeschlitztem Leib. (Um Gefallene, fern der Heimat Gestorbene . . . nach Hause transportieren zu können, entnahm man ihnen die Eingeweide und das Hirn und füllte die leergewordene Bauchhöhle mit konservierenden Stoffen.) Manch-

mal kriechen Würmer und Schlangen aus dem Leib. Nach Rosenfeld ist »das bekannteste, jedoch nicht das früheste Beispiel« dafür der Titelholzschnitt der bei Pfister in Bamberg 1474 erschienenen Ausgabe des »Ackermann(s) von Böhmen«[53]. Im 16. Jahrhundert wird es dann allgemein üblich, den Tod als Gerippe, als Knochenmann darzustellen. Vielleicht war der »Triumph des Todes« in Clusone die erste Darstellung dieser Art. In den darauffolgenden Jahrhunderten war sie die vorherrschende Art der Todesdarstellung[54]. Die dem »Knochenmann« beigefügten Attribute stellen ihn in die vielfältige Tradition der Todesdarstellungen innerhalb der (christlichen) Ikonographie. Das wohl bekannteste Motiv ist das vom *»Schnitter Tod«*, der die Sichel, später die Sense, in der Hand trägt (oder mit ihr mäht). In Babenhausen finden wir die Sense auf zwei Bildern: Prälat und Tod: »Non habemus . . .«, auf dem die Sense im Verein mit einer Krone (wohl des Todes) den Kardinals- und Bischofshut aufwiegt, und: Was der Sarg dir sagt — »Haeccine est illa?« auf dem der Tod in der Linken die Sense, in der Rechten die Sanduhr trägt. Der Babenhausener Meister steht hier in einer langen Traditionsreihe. Wahrscheinlich hält der vom Gekreuzigten überwundene Tod im Uta-Kodex (nach 1002) schon eine Sichel in der Hand. Caesarius v. Heisterbach berichtet um 1220, daß auf Gemälden der Tod als »Mann mit Sichel« dargestellt werde[55]. Auf einer Spielkarte Karls IV. (um 1392) ist der Reiter Tod dargestellt, der mit hochgeschwungener Sense die Würdenträger mäht. Im »Ackermann« sagt der Tod: »Wir sind Gottes Werkzeug, der Herr Tod, ein recht wirkender Mäher. Unsere Sense mäht, wie es trifft . . . aller Farben Blumen und Gras schlägt sie vor sich nieder und achtet nicht ihres Glanzes, ihrer Kraft und ihrer Schönheit« (16. Kap.). Der Babenhausener Meister dürfte auch das um 1637[56] entstandene (Volks-)Lied vom »Schnitter Tod« gekannt haben, dessen erste Strophe Abraham a S. Clara in der »Grossen Todten-Bruderschafft« zitiert:

Da kombt ein Schnitter haist der Todt:
Hat Gwalt vom grossen GOTT /
Jetzt wetzt er das Messer /
Es geht schon vil besser: /
Bald wird er drein schneiden /
Wir müssens nur leyden /
Hüt dich schöns Blümelein . . .[57]

In Kap. 42 der Totenkapelle: »Bauer und Tod« heißt es bei Abraham: ». . . denn niemand kann mit diesem Gewehr« – der Sense – ». . . trotz allen Fechtmeistern! so tapfer herumspringen . . . als der Bauer — und der Tod. Der Tod mähet die Menschen um wie der Bauer das Gras auf der Wiesen, und ob (gleich) man den Menschenmörder nur allein mit der Sensen und nicht zugleich mit der Sichel und Grasstumpf zu malen pfleget, so versteht er sich doch auf diese Instrumenta ebenfalls sehr wohl; denn zur Zeit der Ernte, wann die Ähren das Haupt hangen, das Getreid zeitig ist und die Felder beginnen grau und weiß zu werden, da kommt der Menschenschnitter, der Tod, mit seiner Sichel und schneidet mit dem Bauern in die Wette, und eh sich's derselbe versiehet, schneidet er demselben, da er noch die Sichel in Händen hat — Witz (wie der Blitz — schnipps!) den Lebensfaden wie einen Strohhalm ab und legt ihn, wie der Schnitter eine Hand voll Korn (-halme), nach der Länge zu seiner Arbeit hin . . .«
In einer Zeit, die stark von der bäuerlichen Kultur geprägt war, lag das Motiv des »Schnitter Tod« nahe[58]. Kriege und vor allem die gewaltigen Seuchen mögen den Sinn für den »wahllosen Schnitt« des Todesschnitters gestärkt haben[59].

Ein weiteres bekanntes Motiv ist das vom *»Totengräber Tod«*, das wir in Babenhausen im Bild: »Kind und Tod« (»Cecidit flos«) finden. Das Attribut des so dargestellten Todes ist der Spaten. Nach Rosenfeld ist das Motiv erstmals nachweisbar auf der Miniatur einer Brüsseler Fabliaux-Handschrift aus dem 13. Jahrhundert. Dort tritt der Tod mit verbundenen Augen, Sarg und Spaten in den Händen, auf das Bett eines Jünglings (einer jungen Frau?) zu[60]. Im 16. Kapitel des »Ackermann aus Böhmen« entgegnet der Tod auf die Anklage des Ackermanns: »Dennoch fand man Unser Bild zu Rom in einem Tempel an die Wand gemalt als einen Mann auf einem Ochsen sitzend, dem die Augen verbunden waren; derselbe Mann hatte eine Haue in seiner rechten Hand und eine Schaufel in der linken, mit denen kämpfte der auf dem Ochsen. Gegen ihn schlug, warf, und stritt eine große Menge Volkes, vielerlei Leute, ein jeglicher mit seinem Handwerkszeug ... die schlugen und bewarfen den Mann auf dem Ochsen, der Unser Bild war; doch der Tod besiegte sie alle und begrub sie«[61]. Die Einblattdrucke des 15. Jahrhunderts beweisen, daß das Motiv lebendig bleibt. Ein eindrucksvolles Motiv! Nach Rosenfeld ist der »Totengräber Tod ... erdnäher, dämonischer, ihn umweht ein Hauch der Verwesung, er hat auf dem Kirchhof seine Stätte und sein Ziel, und es ist, als ob er aus den Gräbern steige, um neue Opfer in den dunklen Schoß der Erde herabzuholen. Es ist kein Zufall, daß er seinen Opfern immer ähnlicher wird«[62]. Dem Babenhausener Maler wurde das Motiv nicht nur vom Originalkupfer nahegelegt[63], es bot sich für die Ausmalung einer Gottesackerkapelle geradezu an.

Das Motiv des *»Todes mit der Axt«*, das wir in Babenhausen (getreu nach dem Originalkupfer gemalt) auf dem Bild vom Tod des Papstes (MORTUUS EST AARON) finden, ist ein seltenes Motiv. Es ist weder in der umfangreichen Bilddokumentation des Werkes von

Kozáky, noch im Anhang des Buches von Rosenfeld zu finden und bleibt bis in die Moderne ein singuläres Motiv. Abraham a S. Clara geht im Text des Kapitels: »Papst und Tod« auf das Motiv des Kupferstiches nicht ein[64].

Selten ist auch das Motiv des *»Todes mit der Waage«*. Die Waage ist ein uraltes ikonographisches Motiv. Im alten Ägypten war sie ein Requisit des Totengerichts: das Herz des Toten wird gegen die Göttin Maat (oder deren Feder) aufgewogen[65]. Aber es ist nicht der *Tod,* der abwägt — die *Götter* wägen das Leben des Toten. Auch König Belsazar wird im AT »gewogen und zu leicht befunden« auf der Waage der Gerechtigkeit (daraufhin wird ihm das Leben entzogen) Dan 5,27. Vor allem hat die Waage in der Hand eines der apokalyptischen Reiter (Apok 6,5) die Ikonographie beeinflußt — aber auch da hält nicht der Tod (der vierte der Reiter) die Waage in der Hand. Die früheste, mir bekannte, Darstellung finde ich im Bild 99 der »La morosophie« von La Perriére (Lyon 1553), auf dem der Tod den Pfeil (neben Sichel und Sense das wohl häufigste Todeszeichen) in der Rechten, die Waage (in deren Schalen Zepter und Krone (seiner Majestät, des Todes?) gegen Ackergeräte aufgewogen werden) in der Linken hält[66]. Da die Waage schon in der römischen Antike Symbol der Gerechtigkeit (und damit Attribut der Justitia) war, konnte sie Attribut des »gerechten« Todes werden. Andererseits stand das Sternbild der Waage zur Tag- und Nachtgleiche des Herbstes, also zur Zeit des beginnenden Sterbens in der Natur, am Firmament und könnte auch von daher Attribut des Todes geworden sein[67]. Während auf dem Originalkupfer der Totenkapelle (Kap. 27 »Prälat und Tod«) nur die Waage zu sehen ist, hält sie in Babenhausen (und in Wondreb) der Knochenmann in seiner Hand. Abraham geht im Text auf das Motiv der Waage nicht ein.

Das Motiv des *»Todes mit der Sanduhr«*, das wir in Babenhausen im Bild: Was der Sarg dir sagt: (»Haeccine est illa?«) finden, ist ein sehr altes und sehr häufiges Motiv in den Todesdarstellungen. Es drängte sich auf, als dem Tod Attribute beigegeben wurden. Schon im 15. Jahrhundert bekannt[68], tritt es in vielen Darstellungen der folgenden Zeit bis in die Moderne auf.

Der Totentanz-Zyklus

Wir betrachten die sieben Fresken, dem alten Totentanzschema folgend, vom »Papst-Bild« ausgehend, über die dem Kaiser und Kardinal/Bischof gewidmeten Bilder (der oberen Empore) hin zu den vier Fresken der unteren Empore, die — vom Bild des todgeweihten Kindes an — in der Reihenfolge gedeutet werden.

1. Bild Papst und Tod[69]

Der Babenhausener Meister greift das Motiv des Originalkupfers auf[70]: Der Tod schickt sich an, die Säule, auf der die Tiara[71] ruht, mit der Axt umzuhauen. Auch die jeweilige »Säule« der Kirche, der Papst, muß dem Tod anheimfallen[72]. So variiert der Babenhausener Maler die feine Ironie des Originals: Dort umfaßt der Tod die Säule wie einen jungen, noch wenig starken Stamm, um den Hieb gut setzen zu können, zu dem er nicht weit auszuholen braucht. In Babenhausen stützt sich der Tod an der von tiefen Rissen durchzogenen Säule ab, um zuschlagen zu können. Daß der Tod auf beiden Bildern *kniet,* dürfte von der Tätigkeit des Säulenfällens bedingt sein und keine Ehrfurchtshaltung gegenüber dem Oberhaupt der Christenheit darstellen[73].
Während im Originalkupfer die Säule vor einem großen (bewölkten) Horizont steht, samt einer feinskizzierten Landschaft, bildet den Hintergrund des Babenhausener Bildes eine Kirchenfassade, neben der der Blick in die Weite des Horizonts und angedeuteter

Landschaft geht. Die Fassade (gekonnt in räumlicher Tiefe gemalt) zeigt zwei Figuren in Nischen, Mann und Frau, die nicht weiter gekennzeichnet sind. Der Mann hält offenbar nicht ein Kreuz, sondern ein Schwert in der Hand und könnte so (trotz fehlender Schlüssel)[74] als Petrus gedeutet werden. Dann würde sich eine Deutung der Frauengestalt als der ecclesia (Kirche) nahelegen.
Allerdings entspricht die Darstellung der Frauengestalt in Babenhausen nicht den ikonographischen Gepflogenheiten einer »ecclesia«-Gestalt — obwohl sie durchaus als bräutliche Jungfrau verstanden werden könnte. Eine Deutung auf Adam und Eva hin, die häufig an Kirchenportalen zu finden sind[75], stößt auf große Schwierigkeiten[76].
Im Text des entsprechenden Kapitels der Totenkapelle greift Abraham a S. Clara das im Bild dargestellte Motiv nicht auf. Er weist vielmehr nach, daß der Tod ein schlechter »Grammaticus« ist. Während alle Sprachregeln ein »Excipe«, eine oder mehrere Ausnahme(n) kennen, kennt der Tod keine: »Es hat kein einziger ein ›Excipe‹ erlangen, erkaufen, noch erbetteln können«. Auch kein Papst.
Interessant ist auf unserem Bild das deutsche Verspaar. Während im Kupferstich (wie auf den andern Bildern in Babenhausen auch) vom Tod in der dritten Person geredet wird, durchbricht hier der Maler das Schema (auch gegen den Originaltext!): »Ja Statthalter auf Erden / muß mir Zu theil Werden.« Der Tod selbst redet — so vielleicht doch dem Papst Reverenz erweisend(?).

2. Bild Was der Sarg dir sagt

Der Babenhausener Meister übernimmt die Grundstruktur des Kupferstichs, variiert aber stark. Statt des Kaisers[77] steht die weinende Kaiserin am Grabe, die auf einen im Sarg liegenden Toten verweist, der nicht mehr durch eine Krone (wie im Original) kenntlich ist[78]. Neben dem Sarg steht der Tod mit Sense und Sanduhr; er tritt auf den Rand des Sarges, als wolle er ihn (wie eine Wiege) schaukeln. Den wallenden Mantel der Kaiserin trägt spielend ein Kind. Die auffallenden Draperien sind (ausgestaltet) dem Original entlehnt.

Kupferstich und Fresko sind nicht leicht zu deuten. Der lateinische Spruch: »Haeccine est illa?«[79] (»Ist das denn die . . .?«) verweist auf Isebel (Jezabel), die Königin von Israel (eine phönizische Prinzessin), die — geschminkt und aufgeputzt — dem (Usurpator) Jehu gegenübertritt, der sie aus dem Fenster des Palastes stürzen läßt. Die Hunde fressen ihre Leiche . . . Das deutsche Verspaar des Originals: »Wer kann aus diesen lesen / wer Sie zuvor gewesen«, setzt mehrere Tote (Gerippe) voraus[80]. Der Babenhausener Maler erkennt das und wählt als deutschen Spruch den, den Abraham a S. Clara an den Schluß des entsprechenden Kapitels setzt: »Man kennet Sie nit mehr / Wer Sie Gewest Vorher«[81/82]. Obwohl auch hier der Anblick *mehrerer* Toter vorausgesetzt wird, könnte der Spruch jedoch — dem Text Abrahams folgend[83] — darauf hinweisen, wie sehr der Tod jeden Menschen binnen kurzem bis zur Unkenntlichkeit entstellt. Da die Toten auf beiden Bildern aber bis zum Hals in Leinentücher gehüllt sind und auch die Gesichter nicht als Totenköpfe gestaltet sind, bleibt eine Diskrepanz zwischen Wort und Bild bestehen.

Die Aussage des Babenhausener Bildes ist dennoch deutlich: auch der Kaiser fällt dem Schnitter Tod anheim (und auch für die Kaiserin rinnt unaufhaltsam der Sand durch die Todesuhr)[84]. Tröstlich ist das Kind, in dem das (pralle) Leben sich neu »auf den Weg macht« — tröstlich auch die Geste des Todes, den Sarg wie eine Wiege zu schaukeln: Tod ist (Wieder-) Geburt zu neuem Leben. Auch das »sagt« (letzten Endes) »der Sarg«.

3. Bild Prälat und Tod[85]

Die Waage des Todes bleibt in Babenhausen das beherrschende Motiv, das Fresko wird jedoch vom Maler reich ausgestaltet. Auffällig ist der Knochenmann, der — hier mit dem Totenlaken bekleidet — die Waage in seiner Hand hält. Das Motiv wird dadurch sehr viel eindringlicher als im Originalkupfer.

In der einen Waagschale liegen — dem deutschen Verspaar folgend — die Mitra des Bischofs (Inful) und der Kardinalshut[86]. Sie werden aufgewogen durch die Sense und durch die Krone (seiner »Majestät, des Todes«)[87], wie es der Babenhausener Meister malt oder durch Sense und Sanduhr, wie im Originalkupfer. Zugrunde liegt (zumindest, was den Originalkupferstich angeht) der Text Abrahams: »Wenn man alle Zieraten und Schmuck samt Ehre und Herrlichkeit in eine Wagschale und in die andere aber seine Sense und Uhr legete, so würden diese jene alle überwägen.« Der Tod verweist mit der Linken auf »seine« Waagschale. Liegt im Knochenbündel, das am linken Bildrand sichtbar wird, noch eine feine Ironie des Malers: »Brauchen Eminenz und Exzellenz noch ein paar Knochen, um ihre Waagschale zu beschweren« (?) oder sollte (die Knochen hängen ja an der Kirchenfassade) noch einmal an die Todverfallenheit auch der kirchlichen Würdenträger erinnert werden? Der Tod selbst jedenfalls geht auf den Betrachter zu . . .

Ob Berge und Landschaft im Bild eigenen Symbolgehalt haben, bleibe dahingestellt. Sicher ist er deutlich in der scheinbaren »Randverzierung« der Schrifttafel. Einem (wohl dürren) Baumstumpf ist ein großer Totenkopf aufgesetzt, der von einer mächti-

gen Schlange durchkrochen wird, die wiederum sich vor dem Tod zur Erde neigt(?). Die Schale des Todes kann alles »überwägen«, weil vom Baum der Sünde der Tod in die Welt kam und herrscht. Selbst die Schlange (hier als das Tier des Bösen) verneigt sich vor ihm. Hinter dem dürren Stumpf, hinter Totenkopf und Schlange aber wächst der neue Baum, der Baum des Lebens . . .[88]
Solange aber der Tod nicht endgültig überwunden ist, haben »Päpste, Kaiser, Könige, Fürsten und Herren . . . Kardinäle, Erzbischöfe, Bischöfe, Prälaten und (sonstige) große geistliche Herren . . . soviel Privilegien wider den Tod als der ärmste Bauer und Schafhirt!« Der Tod kommt und sagt: »Ihr Eminenz« (und Exzellenz)! »Non habemus . . . Wir haben hier keine bleibende Statt . . .«[89]

4. Bild Kind und Tod

Kaum einer der jüngeren Totentänze verzichtet auf dieses Thema, das in besonderer Weise die Sinnlosigkeit des Todes offenbart. Während in Holbeins »Bildern des Todes« (1525) der Tod das (schon größere) Kind vom häuslichen Herd wegreißt, während es seine Hand flehentlich der Mutter entgegenstreckt, ist es in Wondreb, Mitterteich, wie auch in Straubing das Kind in der Wiege, dem der Tod sich nähert. Babenhausen, Wondreb (und Mitterteich?) sind dabei von der Totenkapelle Abrahams beeinflußt. Nun hat Vogel recht, wenn er sagt, daß eigenartigerweise die »malerischen Anregungen« im Text der Totenkapelle von den Malern nicht aufgegriffen werden[90]. Dort erzählt Abraham von dem Räuber, der »wie ein Wolf im Schafstall« im Hause wütet, Mann, Weib, Magd erwürgt, um endlich zum Kind in der Wiege zu kommen, das den Lärm voller Angst gehört hat. Da es schon sprechen kann, redet es den Mörder an: »Lieber Mann! Ach laß mich leben. — Ich will dir all mein Docken (Puppen) geben.« Der Mörder aber erwürgt auch das Kind. Solche Grausamkeit scheint der Mensch nach Abraham nun vom »General Haut und Bein« gelernt zu haben, der unerbittlich ist, auch wenn ihm die Kinder »alle ihre Puppen- und Dockenkräme, ihre Dockenkuchen, ihre Pferde und Wägen, alle Schätze ihrer Rechenpfennige und Spielwerke für ihr Leben anböten«. Den Kindern geht's »wie den Märzenveilgen und andern Frühlingsblümlein, die oft, wenn sie kaum die Blätter ausgebreitet, von einem Märzenschnee oder Reif auf einmal wieder vernichtet werden; denn kaum haben sie das Licht der Welt gesehen, so kommt der Lebensfeind, der Tod, zur Wiege und reißt die Märzenveilgen ab . . .« Nur diese letzte Anregung haben der Kupferstecher und (nach ihm) der Wondreber Maler aufgenommen. In Babenhausen hält der Tod (wie im Original auf den Spaten gestützt) dem in der Wiege liegenden Kind ein Spielzeug hin — aber das Kind schaut (im Gegensatz zum Original und Wondreb) schon nicht mehr hin. Seine leeren Augenhöhlen spiegeln das Andere, Fremde des Todes[91].

Während der Tod im Kupferstich fast zurückzuschrecken scheint, so, als sei er sich der Schrecklichkeit seines Tuns bewußt, geht der Babenhausener Tod leise (auf den Zehenspitzen des linken Fußes!) auf das Kind zu, als wolle er es nicht wecken oder erschrecken (wie er ja durch das vorgehaltene Spielzeug versucht, das Kind vom schrecklichen Geschehen abzulenken).

Im Gegensatz zum Original und zu Wondreb ist auf dem Babenhausener Bild der Hintergrund durch schwere (kostbare) Vorhänge fast festlich gestaltet.

»Alles Fleisch ist ja Gras und all seine Pracht wie die Blume des Feldes . . . Das Gras verdorrt, die Blume welkt (›cecidit flos‹) aber das Wort unseres Gottes bleibt in Ewigkeit«, schreibt der »zweite

Jesaja« im 40. Kapitel seines (2.) Jesaja-Buches, des »Trostbuches Israels«.

5. Bild Täglicher Tod / Ewiges Leben[92]

Auf dem Kupferstich sitzt ein Mönch im (Kapuziner-)Habit an einem (Altar-?)Tisch, auf dem neben dem aufgeschlagenen Buch ein Kreuz und eine Öllampe[93] stehen, und betrachtet einen Totenschädel, den er mit seinen Händen befühlt. Das Motiv wird in Babenhausen übernommen[94], ohne daß der Maler das Original einfach kopiert hätte. Der Mönch sitzt auf einem Schemel (oder einer Bank) neben einem Kleinaltar(?) mit Kruzifix. Die Mensa ist von reich fallendem Stoff verhüllt[95]. Der Mönch umgreift den Totenschädel liebevoll mit der Linken, die Rechte wendet ihn behutsam dem Blick des Mönches zu. Die Haare des Mönches umgeben wie ein Kranz sein Haupt.

Die Architekturmalerei, die reichen Draperien und die Öffnung des Raumes in die Weite der Landschaft (hier durch einen Torbogen) kennen wir schon von anderen Bildern.

Die Aussage des Paulus im Korintherbrief »Täglich sterbe ich . . .« (»Quotidie morior«) wird von Abraham in doppeltem Sinn verstanden: Zunächst als Wissen darum, daß wir Tag um Tag dem Tod näherkommen: »Wir dörfen nur in unsere Busen fühlen und die Schläge unseres Herzens zählen: Um einen jeden Schlag kommen wir näher zum letzten, wenn das Herz zerbricht und nicht mehr schlägt.« Auch sein Vergleich des Lebens mit einer Kerze, die brennend kürzer und kürzer wird, zeigt: »Je länger wir leben, je mehr wir sterben.«

Daneben aber gibt es für Abraham auch jenes tägliche Sterben, in dem die Seele ihren »bösen Lüsten und Sünden« abstirbt: »Wohl

Mortuus est Aaron
Deuter. c 32. v. 50.
Der Statthalter aüf der Erden,
müß dem Tod zü theil aüch werden.

Papst und Tod. Der Tod fällt die von der päpstlichen Tiara gekrönte »Säule der Kirche«: den Papst.

»Was der Sarg dir sagt.«
Die weinende Kaiserin steht am Sarg des Kaisers. Der Maler von Babenhausen variiert das Motiv seiner Vorlage.

Non habemus hic perma
nentem civitatem.
Hebr. 13 v. 14.
Auch Inful und Hut,
der Tod nicht schonen thut.

Prälat und Tod. Der Tod wägt Kardinalshut und Inful gegen die Zeichen seiner Würde: Stundenglas und Sense. Der Maler von Babenhausen variiert das Motiv seiner Vorlage.

Cecidit flos. Esaiæ 40. v. 7.
Auch die Wiegen,
ist schon zum Tod ein Stiegen.

Kind und Tod. Totengräber Tod hält dem Kind ein Spielzeug (im Kupferstich der »Todtenkapelle« die Lebenspflanze) hin, um es vom grausamen Geschehen abzulenken.

Quotidie morior.
1. Cor. 15. v. 31.
Betracht ich, was ich noch muß werden
So frag ich wenig nach der Erden r.

Täglicher Tod – ewiges Leben. Der Mönch lebt sein Leben in ständiger Betrachtung des Todes. Er setzt seine Hoffnung auf das ewige Leben.

Dies ejus sicut umbra
prætereunt.
Ps. 143. v. 4.
Alle Künst ist ümsünst,
ünd beÿm Tod ohn alle Günst.

Maler und Tod. Der Maler malt das Bild des prallen Lebens im Symbol der Frau – Leben, das genossen werden will. Der Tod nimmt dem Künstler das Bild von der Staffelei.

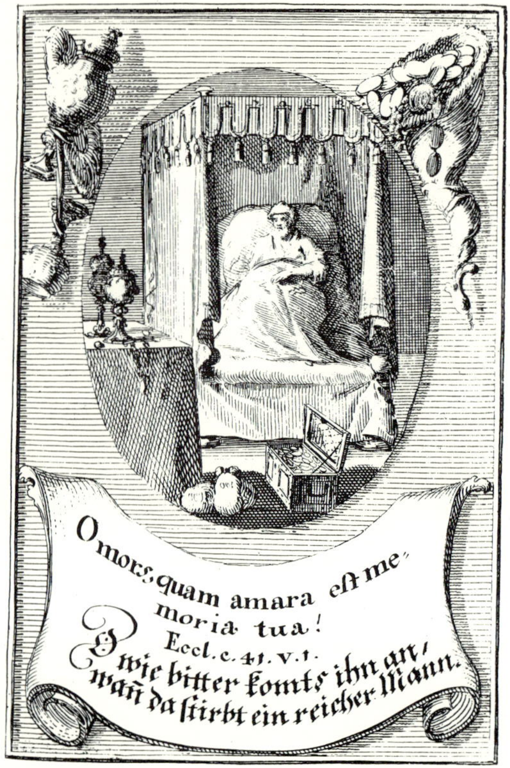

Alter und Tod. »Das Alter, Gut und Geld vergeht samt eitler Welt«.

Ps: DEFECERUNT SICUT FUMUS DIES MEI ·101·
Das Alter, gut und gelt,
Vergehet sampt eitler Welt.

denen«, sagt er, »die täglich absterben und dies Irdische bei Zeiten verachten lernen. Sie werden im Sterben täglich und stündlich zum ewigen Leben neugeboren werden.« Denn »wer stirbt, ehe er stirbt, der stirbt nicht, wann er stirbt«[96].
So wird der Mönch mit dem Totenschädel, der den Tod in das Leben hereinnimmt, der täglich stirbt, zum Modellfall gläubigen Lebens[97]. Wer so lebt, erringt die Krone des (ewigen) Lebens[98].

6. Bild Maler und Tod[99]

Auch dieses Fresko ist dem Originalkupfer sehr verwandt; aber auch hier variiert der Babenhausener Maler. Die Haltung der Maler ähnelt einander; auf beiden Bildern nimmt der Tod[100] dem Maler das Bild von der Staffelei. Während aber im Kupferstich das Porträt eines (älteren) Mannes dargestellt ist, malt der Babenhausener Meister eine (üppige) Frau.
Auch in diesem Fresko finden wir die Architekturmalerei wieder, die — begrenzt — den Blick in die Weite des Horizonts freigibt. Neben einer der beiden Säulen der Malerwerkstatt hängt eine Palette. In einer Nische der Rückwand steht eine (wohl männliche) Figur mit einem Palmzweig in der Hand, davor die Gemäldeablage des Künstlers mit einem Totenkopf: Frucht des künstlerischen Lebenswerkes ist der Tod. Abraham[101] erinnert daran, daß viele große Künstler den Tod »viel hundertmal gleichsam nach dem Leben erschröcklich schön abgemalt, abgebildet und abgestochen(!)« hätten, um ihm zu schmeicheln. Aber der »undankbare Geselle« sei selbst wohl kein Virtuos und ihm gelte offenbar »ein Grabtüncher und Totengräber mehr als ein Hofmaler und Kunststecher«. Dieses Motiv wurde weder vom Kupferstecher, noch vom Babenhausener Maler aufgegriffen, wohl aber die folgende

Aussage Abrahams: »Denn wenn diese (Künstler) manchmal die rarsten Stücke kaum halb ausgekünstelt haben, so ruft (der Tod) ihnen unversehens zu: ›Manum de tabula‹: ›Die Hand von der Butten . . . oder Palitten‹«[102]. Auch der Künstler muß sterben — oft bei noch halbfertigem Werk.

Nun wäre es verwunderlich (wenn auch nicht auszuschließen), wenn für sieben Bilder eines Totentanzes, von denen drei (Totentanzschema) und zwei weitere (Kind und Greis) thematisch festliegen, aus dem reichen Angebot der Kupfer der Totenkapelle ausgerechnet ein Bild ausgewählt worden wäre, das lediglich den Tod eines Künstlers darstellt. Andere Themen, wie: »Eheleute und Tod« (Kap. 28); »Bürger und Tod« (Kap. 16); »Bauer und Tod« (Kap. 42) boten sich ebenso an wie »Tanz und Tod« (Kap. 19) u. a. Der Anrufcharakter galt ja der ganzen Gemeinde des Marktes! So dürfte im Künstler wohl in einem ursprünglichen Wort-Sinne, der »Lebenskünstler« zu sehen sein, der das pralle Leben und nicht den »täglichen Tod« sucht — eben die andere Weise menschlichen Daseins. (Mitten zwischen beiden Bildern hindurch geht ja der Besucher, wenn er die Kapelle verläßt!)[103]

Die Figur in der Nische der Rückwand wird von Vogel als »Christusstatue mit Palmzweig« gedeutet[104]. Einzig[105] der Palmzweig könnte darauf hindeuten, er aber ist »generelles Attribut der heiligen Märtyrer als Zeichen des Sieges über den Tod und des Einzugs in das Paradies«[106], so daß hier wohl eher die wahre Verwirklichung menschlichen Daseins angedeutet wird: der Gerechte, der (»letzten Endes«) den Tod überwindet. Oder sollte doch die »anima« des Künstlers gemeint sein? »Fugit velut umbra«[107] — wie ein Schatten flieht ja das Leben, in welch herrlichen Farben auch immer es gemalt wird.

Die verschiedenen Bildtitel zeigen die Schwierigkeit der Deutung. B. Eberl nennt das Bild: »Der Tod und die reiche Frau«. Ähnlich Vogel: »Reiche Frau und Tod«[108]. Dagegen Habel: »Alter Mann auf dem Sterbebett unter Baldachin . . .«[109]
Wesentliche Bildteile in Babenhausen sind — variiert — dem Kupferstich zum Kapitel 12 der Totenkapelle: »Reicher und Tod« entnommen. Den lateinischen Spruch (Ps 102(101)) finden wir im Kupfer zu Kapitel 38: »Das Leben ein Rauch«. Der zugehörige Kupferstich stellt einen jüngeren Mann dar, der auf den Rauch verweist, welcher aus einem Räuchergefäß aufsteigt. Das deutsche Verspaar geht nicht auf die Totenkapelle zurück.
Vor allem die Benennung Eberls gibt zu denken[110], da die Bilder damals (1928) in besserem Zustand waren. Der Babenhausener Maler hätte dann (wie im vorigen Bild: »Maler und Tod«) den Mann des Originalkupfers durch eine Frau ersetzt[111]. Der *Reichtum* einer solchen Frau (oder eben eines solchen Mannes) ist in Babenhausen aus dem kostbaren Bettzeug und dem Baldachin im Verein mit den (Gold-)Pokalen auf dem Tisch zu erschließen (der wiederum mit kostbarer Decke bedeckt ist). Im Original stehen Dukatensäcke und eine Schatztruhe vor dem Bett des Reichen, und neben den Pokalen auf dem Tisch ist noch Geschmeide zu erkennen.
Vogel will — dem Text Abrahams in Kapitel 12 (»Reicher und Tod«) folgend — in Babenhausen »nicht an ein Kranken- oder Sterbebett . . . denken, sondern nur an die Siebenschläferei der reichen Frau«[112]. Aber das Weglassen der offenbaren Attribute des Reichtums, die Änderung (vor allem) des deutschen Verspaares . . . zeigen doch, daß der Babenhausener Maler dem Bild einen neuen

Sinn geben wollte, eben den im deutschen Verspaar ausgesagten, (das ja, als nicht mit einem Originalstich verbunden, von besonderer Bedeutung für die Bildauslegung ist). Dann aber ist primär ausgesagt, daß (als Pendant zum Bild des todgeweihten Kindes) eben auch das Alter dem Tod anheimfällt[113], eine Aussage, die durch die Darstellung des versunken seinem (musikalischen) Spiel hingegebenen Kindes eindringlich vertieft wird, auf das die linke Hand des (der) im Bett Liegenden hinzuweisen scheint. Mit dem Alter vergehen »Gut und Geld«[114]. Wie Rauch ist alles zerstoben: Lebensjahre, Würden, Titel, Reichtümer . . . Memento mori![115]

Totentanz heute

Der Babenhausener Totentanz ist ohne Zweifel ein künstlerisch und theologisch hochwertiges Werk. Aber ist er mehr als ein Kunstwerk von gestern, dessen Qualitäten man rühmt, das man nostalgisch bewundert? Bleibt bis heute etwas von seinem Anrufcharakter, dem drängenden »Memento mori«?

Vielleicht ist es schon viel, wenn man sich ihm stellt, wenn man ihn (meditierend) betrachtet. Denn der Tod wird verdrängt, er ist kein Thema für den heutigen Menschen. Gestorben wird in der Einsamkeit. Gut, wenn der Schatten bald vorübergeht, den er (immer noch) wirft . . .

Aber gerade der Tod stellt seine Fragen — unerbittliche Fragen. Die uralten Menschheitsfragen nach dem Woher und Wohin. Die Frage nach dem Sinn unseres so flüchtigen (unbedeutend erscheinenden) Lebens . . .

Alles Blühen und Reifen ist ja »ein tödliches Geschäft«. Der Tod kann lähmend sein, alle Kreativität, alle Spontaneität erstickend. Oder er ist die Würze des Lebens, die das Leben »erst schmackhaft macht, Zungen und Zähnen eine Freude« (W. Bergengruen). Ist das »Leben ohne den Tod nicht gut«, wie ein afrikanisches Märchen sagt? . . .

Bis heute zerreißt der Tod unser so fest gesponnenes Gespinst von Eitelkeit, Titeln und Karriere, von Reichtum und Größe. Bis heute spielt er wie ein Jongleur mit Krone und Zepter. Jeder Tod behält sein Gelächter (so furchtbar es sein mag) . . .

Nichts beschäftigt unser *Herz* so, wie der Tod — und die Liebe. »Stark wie der Tod ist die Liebe«, sagt das Hohe Lied des Alten Testamentes. Und so wie die Liebe Ewigkeit will, so will unser Herz die Überwindung des Todes, will ewiges Leben . . .
Und immer wieder stellt gerade der Tod die Frage nach der letzten, großen Gerechtigkeit. Der Tod ist nicht gerecht. Viel unausweichlicher als der Ackermann von Böhmen fragen wir nach der Gerechtigkeit des Todes. Und selbst, wenn er einen Funken Gerechtigkeit hätte, weil — irgendwann — alle in seinen Reigen eintreten müssen, müßte doch immer noch gefragt werden nach der Gerechtigkeit für jene, die als Opfer jedweder Gewalt oder ungerechten Hungers . . . Beute des Todes wurden.

das könnte manchen herren so passen
wenn mit dem tode alles beglichen
die herrschaft der herren
die knechtschaft der knechte
bestätigt wäre für immer

das könnte manchen herren so passen
wenn sie in ewigkeit
herren blieben im teuren privatgrab
und ihre knechte
knechte in billigen reihengräbern

aber es kommt eine auferstehung
die anders ganz anders wird als wir dachten
es kommt eine auferstehung die ist
der aufstand gottes gegen die herren
und gegen den herrn aller herren: den tod (K. Marti)

Wir können nicht mehr alles Irdische verachten, wie es der

gotische Mensch konnte und der barocke (obwohl sie in ihren Domen und Wallfahrtskirchen die abgründige Schönheit eben dieses Irdischen aussagten und aussangen) — wir wissen, daß wir *mit* unserer Welt vor Gott zu erscheinen haben. Aber wir wissen sehr wohl, daß wir hier keine bleibende Statt haben (»Non habemus hic manentem civitatem«). Und so verweist uns auch der Babenhausener Totentanz zum Altar zurück, an dem in der Feier des Todes und der Auferstehung des Herrn jeder Totentanz seine Antwort findet, nicht zuletzt die nach der großen (endgültigen) Gerechtigkeit . . .

Anmerkungen

[1] Vgl. U. Wucher, Babenhausen und seine Vergangenheit, Babenhausen o.J. (1965; [2]1975). Der Schulrat i.R. macht bis auf wenige Druckfehler (die Weihe der Friedhofkapelle wird auf 1732 — richtig 1722 — datiert; a.a.O. 34) sehr zuverlässige Angaben zur Geschichte des Marktes.
Vgl. auch: J. Christa, Markt und Bezirk Illertissen (Das Bayerland 41/1930; S. 546ff, vor allem 564ff) und: K. Grünbauer, Die Fugger in Babenhausen (a.a.O. 566ff).

[2] Nach Dertsch entstanden die »Hausenorte« als Gruppensiedlungen zwischen dem 7. und 10. Jahrhundert (Wucher, a.a.O. 11).

[3] Wucher, a.a.O. 12. Die Ritter v. Schönegg waren Gefolgsleute der Hohenstaufen und dürften von ihnen viele Privilegien erhalten haben (so auch Wucher, a.a.O. 11).

[4] Die Kaiserurkunde über die Bestätigung der Babenhauser Stadtrechte wird bei Wucher a.a.O. Seite 20 wörtlich zitiert.

[5] Anton Fugger war ein Neffe des kinderlos gebliebenen Jakob II. Fugger, der den Beinamen »der Reiche« erhielt († 1525). Dieser war der Bankier verschiedener Päpste und der Kaiser Maximilian I. und Karl V. Durch ihn stiegen die Fugger zum größten und bedeutendsten Bankhaus zu Anfang des 16. Jahrhunderts auf. Auf Jakob II. geht auch die Augsburger »Fuggerei« zurück (Wucher, a.a.O. 27).
Vgl. H. Kellenbenz, Jakob Fugger der Reiche (1459—1525), in: Lebensbilder aus dem Bayerischen Schwaben, Band 10; Weißenhorn 1973, und K. Grünbauer, a.a.O. 566, mit weiteren biographischen Angaben.

[6] In Babenhausen starben etwa 800 Bürger an der Pest. Von 394 Häusern des Fuggerschen Herrschaftsgebietes standen nach der Pest 218 leer, also mehr als 55 Prozent! (Wucher, a.a.O. 29f).

[7] Wucher, a.a.O. 38f; dort auch der Text der Verleihungsurkunde.

[8] Heinrich Habel, Der Landkreis Illertissen (Bayerische Kunstdenkmale XXVII, Kurzinventar). München 1967. Hier Stichwort: Babenhausen, S. 33ff, (im folgenden zitiert unter: Habel).

[9] Eine Glocke dieser Kapelle ist noch vorhanden (Habel, ebd.)

[10] Die Weiheurkunde ist im Pfarrarchiv Babenhausen aufbewahrt. Diese Urkunde gibt uns eine verläßliche Datierung des Neubaus der Friedhofkapelle in den Jahren vor 1722. Ob Graf Rupert ihn selbst finanziert

hat, bleibt umstritten (siehe aber Anmerkung 12). Das Fürstl. und gräfl. Fuggersche Familien- und Stiftungsarchiv in Dillingen teilte mir durch Gräfin Preysing mit, daß Graf Rupert »auf Babenhausen enorme Schulden« geerbt habe. Vor allem aber falle die Tatsache ins Gewicht, daß in der Leichenpredigt für Graf Rupert »von seinen Wohltaten und Dotationen sehr langatmig berichtet« werde, so daß er »den Hochaltar zur Kirchhaßlach« finanziert habe, auch »zwei Altäre in der Babenhausener Pfarrkirche« (die damals nicht ganz fertig wurden), daß aber vom Neubau der Friedhofkapelle nichts erwähnt werde. Das einzige, was auf eine solche Stiftung hinweisen könne, sei seine große Verehrung der Gottesmutter. Es ist also mehr als fraglich, ob Graf Rupert der Erbauer oder Renovator der Friedhofkapelle ist. L. Zedelmaier machte mich brieflich darauf aufmerksam, daß in der Friedhofkapelle (im Gegensatz zur Pfarrkirche und zur Kirche in Kirchhaslach) das Fuggersche Wappen fehle. Grünbauer schreibt: »Unter seiner (sc. des Grafen Rupert J. Anton) Regierung wurde die prachtvolle Gottesackerkapelle eingeweiht mit ihrer ernst an den Tod gemahnenden Innenausstattung und sieben Darstellungen des Todes in Freskogemälden . . .« (a.a.O. 568), wobei offen bleibt, ob der Graf etwas mit dem Neubau zu tun hatte.

11 Im Jahre 1910 wurde der spätere Dekan Michael Zott Pfarrer von Babenhausen. Eine seiner ersten Amtshandlungen war die Renovierung der Gottesackerkapelle. Er ließ durch die Gebrüder Haugg die übermalten und stuckierten Fresken wieder freilegen. So verdanken wir es ihm, daß der Totentanz wieder zugänglich wurde.
Da Restaurierungen in unserem heutigen Sinne damals unbekannt waren, wurden bei der Freilegung der Fresken offenbar schwere Fehler gemacht (so Restaurator Toni Mayer in einer von mir erbetenen Stellungnahme). Unter anderem hat man wohl mit Laugen gearbeitet, die (wenigstens zum Teil) den schlechten Zustand einiger Totentanzbilder bedingen. Wieweit die Bilder damals bearbeitet wurden, ist nicht mehr festzustellen.

12 Im Fugger-Archiv sind keine Bauakten, Rechnungen und Inventarverzeichnisse der Friedhofkapelle aufzufinden. In den Amtsrechnungen findet man jedoch vereinzelt »einige Gulden«, die an den »Baumeister Michael Stiller« bezahlt worden sind, jedoch »ohne Nennung, wofür«. Bei seinem Tode schuldet der Graf diesem Michael Stiller 200 fl. (Gräfin Preysing mit Brief vom 12. März 1982). Die Gelder könnten auch für Kirchhaslach oder die Altäre in der Pfarrkirche von Babenhausen verwendet worden sein. In seinem Artikel über »Die Anfänge der Stuccaturkunst in Augsburg bis in das 18. Jahrhundert« (Zeitschrift des Hist.

Vereins für Schwaben und Neuburg, XXIII / 1896, 1ff) spricht A. Buff von einem Simon Stiller (aus Wessobrunn), der 24 Jahre lang Palier bei M. Schmuzer war und nach dessen Tod den Besitz in Augsburg übernehmen wollte. Die Erlaubnis wurde 1687 erteilt, aber Stiller starb schon 1691. Er hinterließ sechs unmündige Kinder und einen (schon verheirateten) Sohn Matthias Stiller, der wohl aus einer früheren Ehe stammte. Dieser Matthias Stiller verläßt Augsburg bald (die Witwe Simon Stillers führt das Geschäft weiter) und läßt sich in Ettringen nieder, wo er 1710 stirbt. Von einem *Michael* Stiller ist im Artikel Buffs nicht die Rede. Nach L. Altmann (Wallfahrtskirche Kirchhaslach, München 1979) ist er der Sohn des Matthias Stiller, der nach dem Tode seines Vaters dessen Kunst weiterführte.

13 Aufnahmen aus der Zeit vor 1911, die mir von L. Zedelmaier vermittelt wurden, zeigen, daß die Gebr. Haugg — bei Wahrung des Bildmotivs — doch stärker in die Bildgestaltung eingegriffen haben. So ist auf dem Bild vom »Schiff der Kirche« zwar die Grundstruktur gewahrt — übermalt wurden jedoch das Land im Vordergrund, der doppelte Hinweis auf die Eucharistie (Kelch mit Hostie) u.a. Auch das Bild der Hl. Dreifaltigkeit über der Empore wurde verändert.
Nicht verändert wurden 1911 die vier »Fegfeuerbilder« in den seitlichen Zwickeln des Langhauses (obwohl auch sie im Lauf der Jahrhunderte häufiger restauriert wurden). Allenfalls wurden die Farben aufgefrischt.

14 In wenigstens einem Fresko in Babenhausen finden wir einen direkten Hinweis auf die Fresken im benachbarten Kirchhaslach. Das Bild vom »Schiff der Kirche« nimmt das Motiv von zwei Emblemata der Emporenbrüstung von Kirchhaslach auf, welche Maria als »Frachtschiff« symbolisieren, die das Himmelsbrot bringt, und als Schutzmantelmadonna, die das Schiff der Kirche bewahrt. Das erste dieser Emblemata trägt die Inschrift: »De longe portans panem«. Maria wird also als diejenige verehrt, die »von weither das (eucharistische) Brot bringt«. Die Aufnahmen der Babenhausener Fresken vor 1911 zeigen, daß die Schiffsfahne auf dem erwähnten Bild vom »Schiff der Kirche« damals die Worte trug: »De longe portans«. Sie wurden nicht mehr verstanden (oder wurden nach der Übermalung von Kelch und Hostie konsequenterweise als überflüssig empfunden) und übermalt.
Auch der Maler der Bilder in Kirchhaslach ist unbekannt. Habel vermutet als Maler den Michael Niggl aus Hiltenfingen, der schon in Klimmach mit Matthias Stiller (und nach dessen Tod wohl mit seinem Sohn Michael) zusammengearbeitet hatte (vgl. Altmann, a.a.O. 4). Sollte das stimmen, käme Niggl auch als Maler des Babenhausener Zyklus'

infrage(?). (Der »pictor Michael Niggl« wurde nach dem Ausweis der Pfarrmatrikel in Hiltenfingen am 3. September 1672 getauft und ist dort am 24. März 1740 gestorben.)

15 Das Buch erschien 1710 (posthum, da Abraham a S. Clara 1709 in Wien gestorben war). 1711 erschien eine weitere Auflage; die dritte erst 1729. In Deutschland wurde das Buch danach nicht mehr aufgelegt. Exemplare aller Auflagen sind in der Staatsbibliothek in München einzusehen. Im folgenden zitiert: »Totenkapelle«.

16 Es ist nicht sicher, ob die Kupfer von Chr. Weigel selbst stammen. Die Totenkapelle erwähnt darüber nichts. Im Katalog der Bayer. Staatsbibliothek fand ich jedoch eine Bemerkung zu Abrahams »Welt-Galleria . . .«, einem wenig bekannten Werk: ». . . mit sondern Fleiß zusammen gebracht von Abraham à S. Clara und von Christoph Weigel in Kupffer gestochen (Von Caspar Luyken — Kaspar Luiken — in Kupffer gestochen und von Christoph Weigel verfertigt), Nürnberg 1703«. Es muß offen bleiben, ob auch die Kupfer der Totenkapelle auf diesen Caspar Luyken zurückgehen. Wir sprechen weiter von den Weigelschen (d. h.: aus der Werkstatt des Chr. Weigel stammenden) Kupferstichen.

17 J. Vogel, dessen Manuskript über »Die schwäbischen Totentänze« (o.J./1934) unveröffentlicht blieb (Ms 13,1 im Institut für Volkskunde, München), gibt (fälschlicherweise) als Jahr der Berufung zum Hofprediger 1669 an.

18 Siehe Anmerkung 20

19 Zitiert nach dem Text der Erstausgabe von 1710.

20 1624 schickte Kaiserin Eleonora, die Gemahlin Ferdinand II., drei Architekten nach Loreto bei Ancona, um die bekannte »santa casa« zu vermessen und abzubilden. Sie wurde maßgetreu in Wien nachgebaut und schon 1627 feierlich konsekriert. Nach Zeiten höchsten Glanzes wurde die »Hausmutter des Erzhauses Oesterreich« 1784 »ent-weiht« und abgerissen. C. Wolfsgruber erwähnt in seinem Buch: »Die Geschichte der Loretokapelle zu Wien« (Wien 1886) einen Totentanz nicht. Das kann bei der Gründlichkeit der Untersuchungen Pater Wolfsgrubers aber nur heißen, daß es in der Loretokapelle einen solchen Totentanz nicht gab. Die von Vogel und Rosenfeld (Der mittelalterliche Totentanz, Köln-Wien [3]1974) vorgenommene Datierung der Zerstörung des Wiener Totentanzes auf das Jahr 1784 (die auf Wolfsgrubers Werk zurückgeht) ist also unerwiesen. Die verwirrenden Angaben von K. Bertsche (Abraham a S. Clara, Die Totenkapelle, M.-Gladbach 1921, S. 24f und 54 (Anmerkung!) führen nicht weiter. Eigene Nachforschungen in Wien blieben erfolglos.

[21] Es ist verständlich, daß das nicht für alle Einzelheiten gelten kann. So legt z. B. der Kupferstich zum Kapitel 63 der Totenkapelle: »Was der Sarg dir sagt« auch dem flüchtigen Betrachter nahe, daß die Wiener Vorlage wohl einen anderen Aufbau hatte. (Alle Bildtitel/Kapitelüberschriften — sie fehlen in den Originalausgaben der Totenkapelle — sind der Ausgabe von K. Bertsche entnommen. Das gilt auch für die Textzitate, wenn nicht anders vermerkt.)

[22] Die Aufnahmen der Kupferstiche aus den Originalausgaben erstellte die Bayerische Staatsbibliothek in München, die auch die Genehmigung zur Veröffentlichung erteilte. Mängel der Bildqualität gehen auf vergilbte oder leicht beschädigte Seiten der Originalausgaben zurück.

[23] Der Vergleich mit dem Original und dem entsprechenden Bild des Wondreber Totentanzes (vgl. Anm. 27. Die Tafeln des Wondreber Totentanzes gehen ebenfalls auf die Kupferstiche der Totenkapelle zurück) läßt im Verein mit der deutlich erkennbaren anderen Maltechnik und Malart deutlich werden, daß die ursprüngliche Gestalt der Eva später übermalt wurde. Wahrscheinlich wurde der (im Original und in Wondreb) nackte Oberkörper (zumal im Chor) als anstößig empfunden.

[24] Wir wissen nicht, ob die Bilder der Loreto-Kapelle in Wien farbig waren. Ebenso unbekannt ist, ob der Babenhausener Maler den Wiener Totentanz kannte. Wir müssen davon ausgehen, daß die unmittelbare Vorlage für den Babenhausener (wie für den Wondreber) Künstler die Kupferstichreihe der Totenkapelle war (so auch Vogel, a.a.O. 137).
Restaurator T. Mayer machte auf die »Randstriche« in manchen Bildern aufmerksam, die darauf hinweisen, daß der Maler zunächst die Konturen (nach der Vorlage) gemalt und dann farblich ausgefüllt hat. Solche Malweise war in der damaligen Zeit allerdings üblich (und der Babenhausener Maler hat sich durchaus einen Spielraum für seine Phantasie gelassen).

[25] Die Deutung des Hasen ist sehr ambivalent. Die Patristik sieht in ihm den schwachen und ängstlichen Menschen, der, gejagt, sich vor Verfolgern in den Felsen der Kirche (Christus) rettet. Ambrosius versteht den Hasen (»wegen seiner jahreszeitlich wechselnden Färbung« (?) als Symbol der Auferstehung. (Vgl. Lexikon der christlichen Ikonographie, Bd. 2, Sp. 221.) Nach anderen ist er Symbol der »flüchtigen Zeit und des kurzen Menschenlebens« (H. Sachs, Christliche Ikonographie in Stichworten, München 1975, S. 159). In der Patristik, wie in der Profanikonographie der Renaissance ist er Symbol der luxuria (Lexikon . . . ebd.). Der Physiologus sieht in der Tatsache, daß die Hinterläufe des Hasen länger als seine Vorderläufe sind, den Hinweis, daß sich der Hase vor dem

Hund nur retten kann, wenn er bergauf läuft — bergab laufend, wird er gefaßt. So soll der Mensch Christus zustreben, er verfällt dem Teufel, wenn er dem Irdischen anhängt (Lexikon . . . Sp. 222).
Es muß offenbleiben, ob der Hase auch Gottessymbol ist (K. Lipffert, Symbol-Fibel, Kassel 1955, S. 26).
Der Text Abrahams, in dem es heißt: »Beißt du viel in den süßen Apfel der Wollust, so wird dich die Unlust — der saure Apfelsaft der Sünde — wieder beißen, daß dir die Zähn davon aufstehen und die Augen übergehen werden«, könnte hier auf den Hasen als Sinnbild der Unkeuschheit hinweisen — sicher ist es nicht.

26 Das Reis aus der Wurzel des Paradiesbaumes ist wohl Hinweis auf das »Reis aus der Wurzel Jesse« (Jes 11,1), das in der christlichen Auslegung Symbol Jesu Christi (gelegentlich Marias) ist, durch den die Sünde vernichtet wurde.

27 Vgl. H. Kirchhoff, Der Wondreber Totentanz, München-Zürich 1976, S. 32f.

28 Das Exsultet der Osternachtliturgie, also der große Preisgesang auf die Osterkerze, wagt das Wort von der »felix culpa«, der »glücklichen Schuld«, weil sie uns »solchen Erlöser« schenkte.

29 Während die römische (abendländische) Kirche stark von der Theologie des Kreuzes und der Auferstehung geprägt wurde, hat in der Ostkirche die Theologie der Inkarnation einen hohen Stellenwert.

30 Auf den möglichen (gedanklichen) Zusammenhang der beiden Chorscheitelbilder und des Kreuzes mit dem Totentanzzyklus hat L. Zedelmaier in Gesprächen häufig hingewiesen.

31 Da die Gebr. Haugg vorwiegend nach alten Vorbildern gemalt haben (so auch Habel, a.a.O. 35), war die Weiterführung des Gedankens wohl schon ursprünglich beabsichtigt. Sicher hatten die Gebr. Haugg ein altes Vorbild für das Fresko vom »Schiff der Kirche« (vgl. auch Anm. 14); wahrscheinlich für das Dreifaltigkeitsbild über den Emporen. Unsicher muß es bleiben für das Fresko vom Sterben des Hl. Joseph, das bis zur Neufassung durch die Gebr. Haugg übermalt war, so daß dessen ursprüngliche Gestalt uns unbekannt ist.
Im Zusammenhang sei vermerkt, daß das »Rochusbild« des Chorraums (Südseite) ebenfalls auf eine Vorlage in der Totenkapelle zurückgeht und zwar auf den Kupferstich zu Kap. 60: Die Erdenpilgerfahrt. Der lateinische Spruch heißt: »Advena sum et peregrinus« aus Ps 38,13, das deutsche Verspaar: »Mein Leben ist ein Wandern/Von dieser Stadt zur andern«. Bei Beibehaltung der Bildstruktur wird in Babenhausen der Wanderer durch die Pestwunde als Hl. Rochus dargestellt, dem ein

Hund beigesellt wird. Der deutsche Spruch, der ursprünglich die Lebenswanderung zum himmlischen Jerusalem meint (Abraham weist hier auf Phil 3,20 hin), ist in Babenhausen als unruhiges Wandern auf Erden (oder als Hilfe, die der Heilige vielen Städten in Pest-Not zuteil werden läßt?) qualifiziert.
Das »Marienbild« der Nordseite des Chorraums hat offenbar keine Vorlage in den Werken Abrahams (jedenfalls konnte ich bei der Durchsicht nahezu aller Originalausgaben der Werke des Predigers keinen ähnlichen Kupferstich entdecken). In seiner Beschreibung der Wallfahrt von Maria-Stern in Taxa (»Gack, Gack, Gack, Gack a Ga. Einer wunderseltzamen Hennen in den Herzogthumb Bayrn . . .«) sagt er jedoch: »O wie schickt es sich so wol was der Marianische Poet reimbt: MARIAE Schutz dem Feind biet trutz . . .« (213). Das entspricht dem Verspaar des Marienbildes in Babenhausen: »Durch deine Macht u. Schutz/den Feinden allen Trutz.«
Dabei muß offen bleiben, ob der Vers durch Abraham oder durch den (ungenannten) »Marianischen Poeten« bekannt war. (Die mir vorliegenden Aufnahmen aus der Zeit vor 1911 lassen nicht erkennen, ob die beiden Bilder übermalt waren oder in einem so schlechten Zustand, daß Einzelheiten kaum mehr zu erkennen waren. Auf ihrer Fläche hing je ein Kreuzwegbild.)
Da beide Bilder offenbar den Altären zugeordnet (und daher nur lose mit dem Gesamtzyklus verbunden) waren, werden sie hier nicht weiter berücksichtigt.

32 Interessant ist, daß ab 1677 von Abraham a S. Clara die großen Predigten über Maria (»Der glückliche Fisch-Zug in Anzbach«); Joseph (»Neu erwöhlte Paradeyß-Blum . . .«) und die Dreifaltigkeit (»Danck und Denckzahl Deß Achten gegen dem Drey . . .«) veröffentlicht wurden. (In Babenhausen sitzt Maria, wohl als »Urbild« oder »Mutter« der Kirche verstanden, mit ihrem Sohn auf dem Schoß im »Schiff« der Kirche).

33 Gemeint sind Kap. 62: In Fegfeuersnöten; 64: Totendank; 65: Lösegeld der Verstorbenen und 66: Armseelentrost.

34 In der »Grosse(n) Todten-Bruderschaft« kommt Abraham auf den Hl. Cireneus aus Korsika zu sprechen, von dem er sagt: ». . . er tragte stäts an seinem Leib die härtigste Cilicia . . . er schlaffte bey der nacht auff einem harten Breth nur 3. Stund / die übrige 5. Stund thät er sich an einander gaißlen / und gabe ihm alle Nacht 6666. Straich / zu Ehre aller Gaiselstreich / die der Herr Jesus an seinem gebenedeytisten Leib empfangen . . . « (S. 25 der Ausgabe von 1684). Dennoch hatte dieser Heilige große Angst vor Gericht und Fegfeuer. Sicher waren die im Bild darge-

stellten harten Bußübungen sehr im Schwange, so daß der Babenhausener Maler das vierte Bild (ohne Vorlage) geschaffen haben könnte, um den Zyklus der Fegfeuerbilder abzurunden.

35 Das Schnitzwerk ist heute verkleidet. Die Friedhofkapelle dient bis zur Erstellung eines eigenen Gotteshauses als Gottesdienstraum der evangelischen Gemeinde Lauben, zu der die evangelischen Bürger Babenhausens (rund 7 Prozent der Bevölkerung) gehören.

36 Irgendwann wurden im 18. oder 19. Jahrhundert einige der Bilder in Babenhausen übertüncht und zum Teil stuckiert. Dazu gehören die beiden Fresken im Scheitel des Chores (PER PECCATUM MORS und NATUS SALVATOR MUNDI), das mittlere der Scheitelfresken im Langhaus (heute Tod des Hl. Joseph) und alle sieben Bilder des Totentanzes (die stuckiert waren). Die »Fegfeuerfresken« waren (wie die übrigen Fresken des Langhauses) unverkleidet.

Nun gab es gewiß Aversionen gegen die Totentänze. Der berühmte Totentanz in Wondreb wird z.B. im sehr sauber geführten »Notizbuch« der Pfarrei, dessen erste Eintragungen auf das Jahr 1777 zurückgehen, an nur einer Stelle erwähnt. Um 1878 aber trägt der damalige Pfarrer seinen (unerfüllt gebliebenen) Traum ein, an der Friedhofsmauer einen Ölberg mit dem Bild des blutschwitzenden Herrn zu errichten. Beides würde zu einer »Zierde des Friedhofs« werden. Über die Tafeln des Totentanzes schämte man sich offenbar — oder fand sie zumindest nicht erwähnenswert, von einer »Zierde« ganz zu schweigen.

Dennoch bleiben die Motive für die Auswahl der »verkleideten« Fresken dunkel (vor allem fragt sich, warum das Fresko der Inkarnation übertüncht wurde).

Die Gebr. Haugg legten 1911 bei der Restaurierung der Kapelle (vgl. Anm. 11) alle Fresken wieder frei — gegen Vogel, der die Zeit der Freilegung »um 1930« ansetzt (a.a.O. 138). Der Irrtum geht wohl auf eine Veröffentlichung in der Zeitschrift »Das Bayerland« zurück, die im 41. Jahrgang (1930) »Bilder des Todes in der Gottesackerkapelle in Babenhausen um 1720« veröffentlichte (S. 570f). Sechs der sieben Totentanzbilder wurden damals (ohne Angabe des Verfassers oder Photographen) veröffentlicht. Sie gehen (laut mündlicher Mitteilung von L. Zedelmaier) auf B. Eberl, den früheren Bezirksheimatpfleger von Schwaben, zurück (1928).

37 In meinem Buch über den Wondreber Totentanz habe ich ebenfalls diese Auffassung vertreten.

38 Vgl. zum folgenden meine Ausführungen in: »Der Wondreber Totentanz«, S. 16ff.

39 Vgl. etwa das Grimm'sche Märchen vom »Gevatter Tod« (KHM 44), in dem sowohl Gott als auch dem Satan Ungerechtigkeit bescheinigt wird (so daß beide nicht zum Gevatter genommen werden) — nur der Tod wird als wahrhaft Gerechter zum Gevatter gebeten.

40 Veröffentlicht in der Reihe: Zeugen des Wortes, Freiburg 1954. Die berühmte Dichtung geht wahrscheinlich auf den »dialogus mortis cum homine« zurück, der gelegentlich (wohl fälschlich) dem Hl. Bernhard zugeschrieben wird.

41 Die im Pfarrhaus aufbewahrten Pfarrmatrikel dieser Jahre weisen keine anomalen Sterbeziffern für den Markt auf. Zu bedenken bleibt, daß unter den Bildern der Friedhofkapelle eines den Pestheiligen Rochus darstellt. Vogel berichtet von einer Pest, die 1714 die obere Pfalz heimsuchte (a.a.O. 145f).

42 Aus diesen Gründen erübrigte sich auch (wie in Wondreb) das Bild eines Bußpredigers.

43 Von den vielen anderen Definitionen sei die jüngste herausgegriffen. Freilinger, Hierl, Schäfer schreiben in ihrem Büchlein: »Zum Totentanz in der Toten- oder Seelenkapelle im Friedhof St. Peter in Straubing« (Straubing 1980): »Nach unserer Meinung kann eine literarische oder künstlerische Darstellung dann als Totentanz bezeichnet werden, wenn darin eine der folgenden Alternativen realisiert ist:
1. ein Tanzreigen oder Umzug verwesender Leichen mit gerade Verstorbenen; 2. ein Tanzreigen oder Umzug des Todes mit gerade Verstorbenen; 3. ein Tanzreigen oder Umzug verwesender Leichen oder Knochengerippe mit noch Lebenden; 4. ein Tanzreigen oder Umzug des Todes mit noch Lebenden; 5. eine Aneinanderreihung von Bildern, die den Tod oder Tote mit gerade Verstorbenen oder noch Lebenden in mehr- oder einzelpaariger Anordnung zeigen.
Eine einzelne Szene mit dem Tod in Gestalt eines Gerippes oder eines verwesenden Körpers und einem Lebenden bezeichnen wir nicht als Totentanz« (a.a.O. 6). Je mehr man ins Detail geht, desto schwieriger wird die Abgrenzung. Nach Freilinger u.a. gehörte das Bild des Mönches, der einen Totenschädel betrachtet (QUOTIDIE MORIOR) in Babenhausen nicht zu einer Totentanzfolge, ebensowenig wie das Bild des alten Mannes (oder der alten Frau, siehe die Bilddeutung S. 56f). Sie sind aber sicher als Bild in einer Totentanzfolge gedacht. So bleiben wir bei unserer sehr weiten Definition.
Das Büchlein über den Straubinger Totentanz hat u.a. das Verdienst, einen interessanten Überblick über die Totentanzliteratur zu geben (a.a.O. 77ff).

44 In Babenhausen ist die Idee eines *Tanzes* der Toten (obwohl wir Hinweise darauf auch im Werk Abrahams finden — etwa in den Kapiteln 19: »Tanz und Tod« und 20: »Der Spielmann Tod«) völlig aufgegeben. Dennoch soll kurz die Frage gestellt werden: »Wie kommt der Tod zum Tanze?« (Stammler).
Nach *A. Schimmel* (dessen Fachkompetenz nicht bestritten werden soll) gab es im Mittelalter »Abwehrtänze gegen den Schwarzen Tod«. Von dorther komme »das Motiv des Totentanzes in die bildende Kunst« (Religion in Geschichte und Gegenwart, Tübingen ^{3}1962, Bd. III, Sp. 612f). Schimmel sagt nicht, wie die »Abwehrtänze« von Lebenden denn zum Tanz (offenbar ebenfalls zum Abwehrtanz) von Toten oder gar des Todes selbst werden. Die oben aufgewiesene Idee einer »Bannung« des Todes (S. 24) gewänne allerdings in solcher Sicht an Tiefe: der Tanz (als solcher) bekäme bannende Kraft . . .
Nach *Rosenfeld* (a.a.O. 50ff) bildet solcher Tanz (dunkel mit dem Armen-Seelen-Glauben verbunden) die »Perversität des Totenreigens« ab. In der Tat legen die mumifizierten Leiber der Toten, aus denen häufig Schlangen und Gewürm kriechen, wie auch die Totengerippe solche Gedanken nahe. Dennoch müssen sie ergänzt werden.
Stammler weist auf die Nähe zur christlichen Mystik hin. Schon Hippolyt hatte in seinem hymnischen Lob auf das Osterfest gesagt: »O des Vortänzers im mystischen Reigen! O des geistlichen Hochzeitsfestes! O des göttlichen Pascha, neue Feier aller Dinge! O kosmische Festversammlung, o Freude des Universums, o Lust und Entzücken, durch die der finstere Tod vernichtet wird. Und das Volk, das unten war, ersteht von den Toten und verkündet der Fülle dort oben: der Chor der Erde kehrt zurück« (zit. nach H. Rahner, Der spielende Mensch, Einsiedeln 1952, S. 76). Nach Stammler »konnte der Tanz Christi mit dem gläubigen Menschen zur Seligkeit leicht auch umgedeutet werden in den Tanz des Todes mit dem Menschen an sich, und dieses Bild stieg dem, der mit solchen Gedanken eine Darstellung vom Tanz der Toten beschaute, unwillkürlich auf bei der Betrachtung der hüpfenden und mumifizierten Skelette« (Der Totentanz, München ^{2}1948, S. 32. Vgl. 29ff). Solche Deutung wird von Rosenfeld heftig bestritten (a.a.O. 20ff). In der Tat sagt Stammler nichts darüber, wie denn die Übertragung des Tanzmotivs von Christus (dem Logos) auf den Tod erfolgte, und sicher fehlen alle Belege. Der mystische Reigen der Seligen (vgl. die Fresken Fra Angelicos in Florenz) ist schwer vorstellbar mit den Skeletten der Totentanzdarstellungen. Überall fehlt auch ein Hinweis auf den »Vortänzer«, und der Bußprediger stimmt nur schlecht mit solcher Deutung überein.

So ist man eher geneigt, Moltmann zuzustimmen, wenn er sagt: »Seit dem 6. Jahrhundert gibt es in der christlichen Kunst die Figur des Auferstehungstanzes. Der erhöhte Christus reißt die Erlösten durch seinen wehenden Mantel im spiralförmigen Reigentanz zum Vater empor. Das ist das *genaue Gegenbild* zu den Figuren des späteren mittelalterlichen Totentanzes, in denen der Sensenmann mit Kaiser, Papst, Edelmann, Bauer und Knecht zur Grube fährt.« (Die ersten Freigelassenen der Schöpfung, München 1971, S. 41.) Gedenket des Todes, damit ihr des Reigens der Seligen würdig seid!
Es könnte auch an ein Wort W. Bergengruens erinnert werden: »Jeder Tod hat sein Gelächter«: Der Tod entlarvt Größe, Würde, Ruhm des Menschen, seine Titel und Orden als Schein. In dem bekannten Bild von Christian Rohlfs spielt der »Tod als Jongleur« vor den entsetzten Mimen mit Krone, Reichsapfel und Zepter . . .
Nach St. Kozáky (Geschichte der Totentänze, Budapest I/1936; II/1944; III/1941), der ausführlich Stammler zitiert, um seine Idee, daß das Tanzmotiv ein »durch die frühchristliche Apokryphliteratur vermittelter Einfluß der orientalischen Todesauffassung« sei, zu erhärten (I, 144ff), muß bei der Suche nach dem Ursprung des Tanzmotivs das »Triumphmotiv« ebenso berücksichtigt werden wie das »Lockungsmotiv« (I/144). Der »Triumph des Todes« komme eben in seinem Tanz zum Ausdruck, mit seiner Musik locke er die Toten, in seinen Reigen einzutreten.
Was auch immer der Urgrund der Tanzidee des Todes sein mag — er setzt den Gedanken eines Weiterlebens der Toten voraus (vor allem, wenn er primär als Bußruf zu verstehen ist, wie es sicher bei den Totentänzen in Babenhausen und Wondreb der Fall ist). Der Wurzelboden der Totentänze ist der Glaube an die Auferstehung der Toten, an Gericht und ewiges Heil.

45 Der Marchant-Druck (1485/86) des Pariser Totentanzes von 1424 deutet durch die eingemalten Arkarden die Auflösung des Totenreigens in Einzelgruppen an, die schon im Totentanz von Kermaria (um 1450) sehr deutlich wurde und sich später langsam durchsetzt. Interessant der Totentanz von La Chaise Dieu (1460), in dem offenbar Einzelgruppen zu einem (oft künstlich verbundenen) Reigen gefügt wurden; vgl. Rosenfeld, a.a.O. 148. Auf allen jüngeren Totentänzen (Holbein und den von Abraham a S. Clara beeinflußten Tänzen) ist die Auflösung in Einzelgruppen (Tod oder Todessymbol – Todgeweihter/Toter) längst vollzogen.

46 Offenbar kommt auch auf dem Bilde: »Was der Sarg dir sagt« (»Haeccine est illa?«) der Tod durch das offene Tor im Hintergrund zum Sarg.

47 Auf einigen der Babenhausener Bilder sind Berge (Gebirgszüge) zu sehen,

wie auf vielen Tafeln des Wondreber Totentanzes. Sie gehen zum Teil auf die Originalkupfer zurück, legen sich vor allem in Babenhausen jedoch auch von der Landschaft nahe.

48 Das (am stärksten verwitterte) Bild gibt einige Rätsel auf. Vogel, Eberl, Habel sprechen von der »*Königin* am Sarge«. Im Originalkupfer dürfte der *Kaiser* gemeint sein. Dafür spricht vor allem die Form seiner Krone. Auf den »Rahmentafeln« des Totentanzes in Wondreb sind Totenschädel mit den Insignien der weltlichen und geistlichen Würdenträger einander gegenübergestellt. Der Tiara steht dabei die Kaiserkrone gegenüber, die der Babenhausener gleichgestaltet ist. Wir dürfen annehmen, daß im Babenhausener Bild die *Kaiserin* gemeint ist, die am Sarg ihres Gatten steht. Der Leichnam trug früher wohl eine Krone — wie im Original und *gegen* die Intention des lateinischen und deutschen Verses. Siehe die Bildbeschreibung im nächsten Kapitel.

49 In der Waagschale des Todes liegen die Mitra (Inful) und der Kardinalshut.

50 Alle Auslegungen solcher Art sind subjektiv. Die Bildbeschreibungen des nächsten Kapitels werden zeigen, wie umstritten etwa die Auslegung des letzten Bildes: »Defecerunt sicut fumus . . « ist. So ist auch die von mir gegebene Deutung der unteren Reihe eher eine Anregung für jeden Betrachter, sich den Zusammenhang des gesamten Totentanzes meditierend zu erschließen.

51 Lediglich auf dem Bild »Prälat und Tod« (»Non habemus . . .«) trägt das Skelett in Babenhausen einen durchsichtigen Schleier, der wohl als »Leichentuch« (Leichenlaken) zu deuten ist. In Wondreb ist der Knochenmann auf zwei von 20 Tafeln von einem langen oder kurzen Mantel umgeben.

52 Rosenfeld, a.a.O. 2

53 Rosenfeld, a.a.O. 28

54 Vgl. zum Ganzen: Rosenfeld, a.a.O. 25ff; W. Molsdorf, Christliche Symbolik der mittelalterlichen Kunst, Graz 1968, S. 239ff; J. Freilinger . . . a.a.O. 36ff.

55 Dialogus miraculorum II, 61; vgl. Rosenfeld, a.a.O. 11

56 Diese Datierung gibt neben Rosenfeld (a.a.O. 11, Anm. 18 mit Fragezeichen) auch F. Kemp, Deutsche Geistliche Dichtung aus tausend Jahren, München 1958, S. 525, an.

57 S. 24 der Ausgabe von 1684

58 Die Herkunft des Bildes aus der Hl. Schrift ist umstritten. Wenn es im 40. Kapitel des Jesajabuches heißt: »Alles, was lebt, ist wie Gras, und all seine Schönheit ist wie die Blume des Feldes. Das Gras verdorrt, die

Blume verwelkt . . .« (40,6f), dann ist es »Gottes Atem«, also der Gluthauch der Wüste, der sie zum Verdorren bringt. Das Bild vom Schnitter ist nur genannt, wenn es um das Einbringen der Ernte Gottes geht (Apok. 14,14) und das Gericht (Mt 13,30).

59 Vgl. vor allem das 16. Kapitel des »Ackermann(s) aus Böhmen«!

60 Vgl. Rosenfeld, a.a.O. Abb. 5 nach S. 377

61 Vgl. auch die Ackermannillustration Bamberg 1461, auf der der »Herr Tod« (mit Krone) den Spaten in der Hand hält (Kozáky II, Tafel XX/1)

62 Rosenfeld, a.a.O. 24

63 Abraham a S. Clara nennt das Motiv im entsprechenden Kapitel nicht, kommt auch sonst kaum darauf zu sprechen.

64 Vgl. E. Koller, Totentanz (Innsbruck 1980) S. 337f. Dazu E. M. Vetter, Media vita (Spanische Forschungen der Görres-Gesellschaft, Reihe 1, Bd. 16, 1960) S. 189ff, und O. Odenius, Der Mann im Brunnen und der Mann im Baum, Basel 1973, S. 477ff.
Das Motiv findet sich u.a. in H. Drexels »Aeternitatis prodromus, mortis nuntius«, München 1930, und im eindrucksvollen Bild J. Bakewells: »Hieroglyphics of the Natural Man« (18. Jahrhundert), auf dem der Tod sich anschickt, den Baum menschlicher Laster (Untugenden) gemäß Lk 13,7 umzuhauen. (Abbildungen 144 und 220, in: D. Briesemeister (Hrsg.), Bilder des Todes, Unterschneidheim 1970).
Interessanterweise findet sich das seltene Motiv in Babenhausen noch einmal und zwar auf der Grabplatte der Maria Theresia Thanner (der Schwester des Dekans B. Thanner), die 1739 gestorben ist. Hier schlägt eine aus den Wolken kommende Hand mit der Axt den Lebensbaum ab.

65 Vgl. die vielfachen Illustrationen zum ägyptischen Totenbuch. Eine davon gibt G. Posener (Hrsg.), Lexikon der ägyptischen Kultur, Wiesbaden o.J. (1960) auf S. 276 wieder.

66 D. Briesemeister, a.a.O., Abb. 105.
Die Darstellung dürfte jedoch Vorgänger haben. Während die Dokumentation bei Kozáky (I und II) und Rosenfeld das Motiv nicht aufweisen, ist es bei Briesemeister noch einmal zu finden auf einer der Bildwiedergaben aus Rollenhagens »Nucleus emblematum« (Arnheim 1611 bis 1613). Dort trägt auf dem Bild: »Der Tod ist das Ende aller Dinge« (Abb. 124) ein Putto die Waage in der Hand. Auf der vorangehenden Abbildung: »Der Tod macht alles gleich« trägt der Tod die Sense.
In den neueren Totentänzen finden wir das Motiv in A. Rethels Totentanzzyklus von 1848. Es bleibt jedoch insgesamt selten. Vgl. L. Kretzenbacher, Die Seelenwaage, Klagenfurt 1958.

67 Das in diesem Zusammenhang zunächst interessante Bild des einen

Baum abhauenden Todes in H. Drexels »Aeternitatis prodromus, mortis nuntius« (vgl. Anm. 64), welches (klein) das Sternbild der Waage zeigt, verliert an Bedeutung, wenn man erkennt, daß den übrigen Todesbildern andere Sternzeichen zugeordnet sind. (Vgl. Briesemeister, Abb. 142—144).

68 Kozáky gibt (I, Tafel VII/3) die Originalaufnahme des Budapester Nationalmuseums aus dem Cod. Germ. 33 wieder, auf der der Tod eine Dominikanerin überrascht. Das Bild — offenbar nachträglich einem Nonnengebetbuch eingeklebt — stammt wohl aus dem XV. Jahrhundert (Kozáky, a.a.O. 340). Der Tod trägt eine Sanduhr.
Nach Molsdorf wird der Tod gegen Ende des 15. Jahrhunderts immer mehr zum Knochenmann. »Gleichzeitig wird die Sanduhr als Sinnbild der Vergänglichkeit ein beliebtes Attribut« (a.a.O. 243).

69 In Wondreb sind den geistlichen und den weltlichen Würdenträgern je vier (verkleinerte) Randtafeln gewidmet, welche die Tafeln des eigentlichen Totentanzes oben und unten begrenzen. Dargestellt sind auf den Tafeln (neben Totenköpfen) die Insignien der geistlichen und weltlichen Würden: Tiara, Kronen, Kardinals-, Bischofshüte, Biretts, dazu die Bischofsstäbe, Zepter . . . Während die Zepter, Stäbe, Schwerter der weltlichen Herren zerbrochen sind, bleiben die Insignien geistlicher Macht heil.

70 Über das Motiv des Todes mit der Axt siehe das vorige Kapitel! Auf einem der Kupferstiche des Buches: Merck's Wien (1680) spielt der Tod auf einer Orgel (Portativ), deren säulenartige Pfeifen mit den Insignien der geistlichen und weltlichen Würdenträger gekrönt sind.

71 Die Tiara, die (außerliturgische) Kopfbedeckung des Papstes bei hochfestlichem Anlaß, entwickelte sich aus einer kleinen spitzen Haube, welche die Päpste seit dem 7. Jahrhundert trugen (Phrygium, Kamelaukion). Da sie zunehmend höher wurde, mußte sie mit einem Reifen gestützt werden, wodurch der Name: »Tiara« aufkam. Unter Bonifaz III. war die Tiara über kreisförmigem Grundriß eine Elle hoch. Da hier offenbar auf das bibl. Grundmaß der Arche Noah (als des Vorbildes der Kirche) zurückgegriffen wurde, wurde die Tiara in dieser Symbolik zum Bild der Kirche über dem Erdkreis (orbis terrarum). Die nun enorme Höhe mußte durch zwei weitere Reifen verstärkt werden. Seitdem hat die Tiara drei Reifen (obwohl später das Ellenmaß aufgegeben wurde). Unter Benedikt XII. (1334–1342) erhielt die Tiara ihre heutige Form, wobei die Reifen zu Kronen ausgestaltet wurden, so daß von der Tiara auch als vom »Triregnum« gesprochen werden konnte. Die Päpste unserer Zeit verzichten auf das Tragen der Tiara.

72 1721, wahrscheinlich zu der Zeit, in der die Fresken in Babenhausen entstehen, stirbt Klemens XI., (1700–1721) ein frommer, untadeliger Papst, dem es aber an politischem Geschick fehlte. Er wurde von Innozenz XIII. (1721–1724) abgelöst, der klüger taktierte. Das Babenhausener Bild wurde jedoch wohl kaum unter dem Eindruck des Papsttodes in den Zyklus aufgenommen. Hier liegt offenbar das alte Totentanzschema zugrunde.

73 Kleinere Unterschiede zu den Originalen werden nicht genannt. So fehlen etwa in Babenhausen alle Versangaben zu den bibl. Kapiteln/Psalmen . . ., denen die lateinischen Verse entnommen wurden.

74 Es ist nicht unmöglich, daß die männliche Gestalt einmal solche Schlüssel in der rechten Hand trug. Ihr Fehlen könnte vom Verwitterungszustand des Bildes bedingt sein.

75 So etwa an den Portalen des Doms zu Bamberg (»Adamspforte«!) und der Marienkapelle zu Würzburg. (Vgl. Sachs, a.a.O. 19).

76 So wäre ein Schwert in der Hand Adams ein singuläres Attribut. Adam und Eva würden wohl auch eine *Gruppe* bilden. J. Vogel erwähnt die beiden Figuren nicht. B. Eberl gibt unser Bild (als einziges) in seinen Aufnahmen (Bayerland) nicht wieder.

77 Siehe Anmerkung 48! Eigenartigerweise sprechen sowohl Vogel, als auch Eberl und Habel von einer »Königin«.

78 Die Aufnahmen von 1928 (Bayerland 41) weisen mit sehr hoher Wahrscheinlichkeit aus, daß der Tote eine Krone trug — eine *Kaiser*krone. Es muß sich also um den toten Kaiser handeln. Die Krone ist heute kaum noch zu erkennen. Der Zustand gerade dieses Bildes hat sich gegenüber 1928 erschreckend verschlechtert.

79 Die Frage: »Haeccine est illa?« ist 4 (II) Kön 9,37 (nicht wie im Originalkupfer: V 32) Vulgata entnommen. Sie nimmt aber die Intention der Jehu-Frage aus V 32 auf.

80 Im Kupferstich scheint der Kaiser auf nicht vorhandene Gerippe (Tote) hinzuweisen (sonst müßte er *hinter* dem Sarg stehen). Da auch die Geste der linken Hand (Abwischen der Tränen, wie die Ausleger meinen) eher an ein Sich-Stützen (auf nicht Vorhandenes) erinnert, vermute ich, daß der Kupferstecher hier seine Vorlage verkürzt wiedergibt.

81 Im Text der Totenkapelle wird gewöhnlich dasselbe deutsche Verspaar an den Anfang und den Schluß der Kapitel gesetzt. In einigen Kapiteln variiert Abraham den Wortlaut, in andern ersetzt er den Anfangsspruch am Schluß durch einen anderen (ähnlichen Sinngehalts).

82 Auch der Wondreber Maler erkennt die Diskrepanz zwischen dem Originalkupfer und dem deutschen Verspaar. So schafft er ein völlig

neues Bild, auf dem der Tod eine Edelfrau an drei Särge mit Kinderskeletten führt, hinter denen bereits Bäuerin und Magd weinend, klagend stehen. Der Tod verweist auf das Fürstenkind, das sich in keiner Weise mehr von den Skeletten der anderen Kinder unterscheidet.

83 Abraham legt in sehr drastischer Weise das deutsche Verspaar aus: »Sobald der Mensch den Totenkittel angezogen und den Mund zu weit aufgemacht hat, siehet er ihm (sich) schon öfters nicht mehr gleich. Liegt er nur etliche Tage, absonderlich bei warmem, schwüligtem Wetter — was ist das für ein entsetzlicher Anblick! Grün und gelb, braun und blau, ja oft fast mohrenfärbig ist das Angesicht . . .« (Das Folgende liest man besser im Original nach.) Abraham schließt: »Wo sind die großen Ptolomäi? Wo ist Salomonis allerschönst gewesener Leichnam? Auch die Pyramiden und Mausolea, die Wunder der Welt, verfallen mit der Zeit! ›O homo, vanitas! vanitas et omnia vanitatum vanitas!‹ . . . Nach dem Tod wird alles gleich: Könige und Bauern, arm und reich. Fragst du von (nach) der schönen Helena, Cleopatra und Venusbildern; ›Haeccine est illa?‹ . . . so wirst du bekennen müssen:

›Ich sehe keine Gestalt noch Schöne:‹
Man kennet sie nicht mehr,
Wer sie gewest vorher.
Fui (Sie war einmal. Pfui!)«
(Totenkapelle, Kap. 63).

84 Der letzte Hinweis ist vor allem dann berechtigt, wenn Vogel recht hat, daß der Tod auf dem Bilde »mit der Rechten der Königin eine Sanduhr präsentiert« (a.a.O. 142). Es hat allerdings den Anschein, als sei die Sanduhr »abgelaufen«. Dann würde der Kaiserin bedeutet werden, daß die Todesstunde des Kaisers gekommen war, daß also der Tod nicht willkürlich gemäht hat.

85 In Wondreb hat das Bild des wägenden Todes eine andere Funktion im Rahmen des Totentanzes (siehe S. 68f meines Wondreb-Buches). Wohl darum hat der Maler auch den lat. Spruch und das deutsche Verspaar geändert. Daher heißt die Überschrift im Wondreber Totentanz auch: »Die Waage des Todes«. In Babenhausen sind jedoch Kardinal und Bischof gemeint, die vom Tod aufgewogen werden.

86 Eigenartigerweise irren sich hier die meisten Ausleger. Bertsche deutet den Hut als »Doktorhut« (a.a.O. 156; Anm. 1). Ähnlich Vogel (a.a.O. 143, auf das Original bezogen). Habel spricht gar von einem »Fürstenhut« (a.a.O. 36). Legt nun der Text Abrahams schon nahe, daß der Kardinalshut gemeint ist (von den ikonographischen Besonderheiten zu schweigen), so schließt der Anhang der Totenkapelle, das »Register über

die vornehmsten Sachen, die in diesem Werklein begriffen sind« mit der Nennung des »Cardinalshuts« (unter Angabe der Seitenzahl unseres Kapitels: »Prälat und Tod«) jeden Zweifel aus. Im Originalkupfer und in Babenhausen ist der *Kardinal*(-shut) gemeint.

87 So — wohl richtig — Vogel, a.a.O. 143.

88 Möglicherweise weist auch der Originalkupfer bereits auf das Reis aus der Wurzel (Jesse) hin, durch das der Tod überwunden wurde.

89 Kap. 27 der Totenkapelle

90 a.a.O. 139f

91 Nach Vogel fehlte »dem Babenhausener und Wondreber oder wohl richtiger dem Wiener Maler . . . die schöpferische Kraft, die Anregungen des wortgewaltigen Predigers mit dem Pinsel auszuwerten . . .« Gewiß wäre das Bild eines Kindes, das dem Tod seine Puppen anbietet, um von ihm das Leben zu erkaufen, ein sehr eindringliches Motiv gewesen. Aber abgesehen davon, daß zumindest der Babenhausener und der Wondreber Maler als Vorlage wohl primär (wenn nicht ausschließlich) die Kupferstiche (also nicht den Text) hatten, bleibt zu fragen, ob das hilflose, das Geschehen nicht begreifende, Kind in der Wiege die Sinnlosigkeit solchen Todes (oder doch dessen Unbegreiflichkeit) nicht deutlicher macht als ein (noch so rührender) Handel mit dem Tod. (An Phantasie und Begabung mangelt es doch vor allem dem Babenhausener Meister nicht — wie alle Bilder beweisen).

92 Auch Vogel übernimmt (aus der Totenkapelle) diesen Titel, allerdings mit dem Zusatz: »Der Mönch mit dem Totenschädel«. Diesen Titel finden wir in der Bildbeschreibung bei B. Eberl.

93 Vogel spricht von einer »Schale« (a.a.O. 140). Auf dem Holzschnitt, den Bertsche diesem Kapitel beigibt (entnommen der holländischen Ausgabe der Totenkapelle von 1730 (^{2}1767)) erkennen wir auf dem Tisch des Mönches deutlich eine brennende Öllampe (ähnlicher Form wie im Originalkupferstich). Auch legt der Text die Darstellung eines Lichtes (primär jedoch einer Kerze) nahe.

94 Der Wondreber Totentanz hat dieses Bild nicht. Das erstaunt zunächst, da die Auftraggeber doch wohl die Mönche vom Stift Waldsassen sein dürften. Da aber die Randtafeln (siehe Anm. 69) schon auf die geistlichen (und weltlichen) Herren hinwiesen, wollte man wohl in den Bildtafeln des eigentlichen Totentanzes darauf nicht mehr zurückgreifen.

95 Vogel vermerkt, diesem Stoff sei ein Kreuz eingewebt (a.a.O. 140). Ich vermute, daß hier ein Sehfehler Vogels zugrundeliegt, da nach 1934 (als Vogel sein Manuskript schrieb) m. W. keine Restaurierung mehr statt-

gefunden hat und Verwitterungserscheinungen auf diesem Bild keinen zu großen Schaden angerichtet haben.

96 Auswahl aus den Texten zum 55. Kapitel der Totenkapelle: »Täglicher Tod / Ewiges Leben«.

97 Zur Gesamtaussage des Bildes vgl. auch das Kapitel: »Totentanz heute«, dieses Buches.

98 Gerade auf diesem Bild fällt auf, daß der Babenhausener (wie auch der Wondreber) Maler recht willkürlich mit den Texten der Originalkupfer und der Rechtschreibung verfährt. Die Gründe sind unklar.

99 Auch dieses Motiv fehlt in Wondreb, vielleicht, weil dort bewußt ein »Totentanz für Jedermann« gemalt werden sollte.

100 Während im Originalkupfer der Tod über das Werk des Malers zu staunen scheint, beeilt sich der Tod in Babenhausen, dem Meister das Bild wegzunehmen (wobei die Züge des nicht skelettierten Kopfes — vgl. auch den »Totenkopf« auf dem Gestell im Hintergrund! — fast ein hämisches Lächeln zeigen).

101 Der berühmte Prediger teilt hier einige Seitenhiebe an die Künstler aller Art aus, die »nicht allein die Augen der Pferd und Vögel, sondern auch die schärfsten Menschenaugen mit bloßen Schatten und Licht . . . meisterlich hinter das Licht führen können . . .«, erweist aber bald danach den (wahren) Künstlern Reverenz, wenn er sagt, daß sie »so viele nach dem Leben gezeichnet und sie mit lebendigen Farben so ähnlich entworfen, daß man ihnen das Zeugnis (hat) geben müssen, es fehle ihren Bildern nichts als die Rede«.

102 Kap. 10 der Totenkapelle

103 Das deutsche Verspaar unterstützt meine Auslegung nicht — dürfte sie jedoch auch nicht widerlegen (zumal es dem Original wörtlich entnommen ist, so daß die besondere Strukturierung des Babenhausener Totentanzes nicht berücksichtigt sein kann).

104 a.a.O. 141

105 Seit dem 13. Jahrhundert weist — der byzantinischen Kunst folgend — ein Totenschädel zu Füßen des Kreuzes auf Adam hin, der vom neuen Adam miterlöst wird, aber eben zu Füßen des *Kreuzes.* Eine *Christusdarstellung* (wenn es sich darum handelte) wäre in dieser Form singulär.

106 Sachs, a.a.O. 268

107 Der lateinische Spruch ist in Babenhausen drängender als der Spruch im Originalkupfer: »Dies ejus sicut umbra praetereunt« — »Wie ein Schatten gehen seine Tage vorbei«.

108 a.a.O. 141

109 a.a.O. 36

110 In den Texten Vogels gibt es einige eigenartige Fehler. Zu unserem Bild kommentiert er: »Der Babenhausener Spruch mit der Angabe Ps. 10.V.4 . . .« Im Fresko ist ganz eindeutig »Ps . . . 101« zu lesen. Entweder hat Vogel den Totentanz in Babenhausen nur in Reproduktionen gekannt oder er war nur so kurz dort, daß die Einzelheiten von ihm nicht überprüft werden konnten. Daher ist Vorsicht auch gegenüber seiner Aussage geboten, hier handele es sich um eine (reiche) *Frau!*

111 Sollte es so sein, bleiben seine Gründe dafür im Dunkel. Ob hier eine unbekannte Auftraggeberin, Gönnerin . . . eine Rolle spielt oder ein Mitglied der Fuggerfamilie, bleibt bloße Spekulation.

112 ebd.

113 Auf die Betonung des Alters weist auch das Perfekt des lat. Spruches hin. In der Totenkapelle gibt es ein eigenes Kapitel: »Greis und Tod« mit dem lat. Spruch: »Mortuus est in senectute bona« und dem deutschen Verspaar: »Was baufällig morsch und alt / komt bald in die Tods-Gewalt.« Der Kupferstich zeigt baufällige Häuser, einen Baum, der dürr zu werden beginnt . . . und Pilzgeflechte als Randverzierung — keine Personen. Für den Babenhausener Meister fügte sich ein solches Bildmotiv seinem Zyklus wohl nicht organisch ein. So wählte er ein anderes Motiv aus und variierte es im Sinne seiner Gesamtaussage, die durch ein selbstgeschaffenes Verspaar verdeutlicht wurde.

114 Im Kapitel 36: »Wucherer und Tod« der Totenkapelle heißt das deutsche Verspaar: »Geld und Gut / Nichts helfen tut«.

115 Um 1920 schuf Otto Jochum — die Familie Jochum, aus der so viele bedeutende Musiker hervorgingen, stammt aus Babenhausen — wohl unter dem Einfluß des Ersten Weltkriegs eine Vertonung des Babenhausener Totentanzes, die — lange Zeit verschollen — wieder aufgefunden und am 19. März 1978 in der Pfarrkirche zu Babenhausen uraufgeführt wurde. Die Leitung hatte F. Fahrenschon. Das Werk Jochums ist ein sehr eindringliches Frühwerk, das gelegentlich fast visionären Charakter hat.

Bildnachweis

Anton H. Konrad Weißenhorn Seiten 15 19 22 41 43 und Umschlag.
Der Markt Babenhausen stellte die Abbildungen Seite 11 45 47 49 51 53 und die Einbandrückseite zur Verfügung.
Die Stichwiedergaben aus Abraham a S. Claras »Todtenkapelle« verdanken wir der Bayerischen Staatsbibliothek München.
Das Frontispiz überließ freundlicherweise Herr Ludwig Zedelmaier Babenhausen.

Dieses Buch haben gefördert: Der Bischof von Augsburg, der Bezirk Schwaben, der Landkreis Unterallgäu, der Markt Babenhausen, S. D. Fürst Fugger-Babenhausen, Hypo-Bank Babenhausen, Raiffeisenbank Babenhausen, Fugger-Apotheke Babenhausen Ignaz Grandl, Notar Erich Rossak Babenhausen